청소년을 위한

자기연민 워크북

나 자신과 친구 되기

THE SELF-COMPASSION WORKBOOK FOR TEENS

Karen Bluth 저 | **서광 · 효림 · 송말숙 · 나의현** 공역

학지사

The Self-Compassion Workbook for Teens: Mindfulness and Compassion Skills to Overcome Self-Criticism and Embrace Who You Are
by Karen Bluth, Ph.D.

역자 서문

다른 친구들은 모두 괜찮아 보이는데 유독 나에게만 잘못된 일들이 일어나고 있는 것 같을 때, 친한 친구에게조차 털어놓을 수 없는 나만의 비밀이 생겼을 때, 우리는 외롭고, 슬프고, 화가 나고, 불안한 감정들을 느끼게 됩니다. 그리고 그러한 나 자신이 못마땅해 스스로를 괴롭히고 파괴적인 행동을 하기도 합니다.

만일 이러한 힘겨운 순간에 이미 내 마음을 다 알고 이해해 주는 따뜻하고 지혜로운 친구가 내 곁에 있다면 어떨까요?

청소년 명상연구의 세계적 권위자이자 오랜 기간 청소년을 지도해 온 카렌 블루스(Karen Bluth) 박사님은 이 책을 통해 청소년기에 겪게 되는 다양한 고민을 제시하면서 우리가 이 지혜롭고 연민 어린 친구와 함께 그것들을 해결할 수 있도록 친절하게 안내합니다. 그리고 그 든든한 지원군이 사실은 우리 가슴 안에 살고 있는 나의 한 부분이라는 것도 알게 해 줍니다. 나 자신과 친구가 될 수 있도록 도와줍니다.

청소년기를 지난다는 것은 참 힘겨운 일입니다. 하지만 쉽고 재미있는 카렌 블루스 박사님의 설명과 함께 이 책의 실습들을 따라 하다 보면, 어느새 우리 가슴 안에 힘겨운 순간들을 건강한 방식으로 통과할 수 있는 커다란 지혜와 용기가 자라나 있는 것을 발견하게 될 것입니다. 그리고 나 자신과 좋은 친구가 되어 있다는 것을 느낄 수 있을 것입니다.

나 자신과 친구가 된다는 것은 내 주변과 친해진다는 것이고, 세상과도 좋은 친구가 될 수 있다는 것을 의미합니다. 이 멋진 책을 청소년들과 주변의 10대를 이해하고 싶은 어른들 그리고 자신의 가슴 안에 여전히 살고 있는 10대와 친구가 되기를 원하는 모든 분께 추천합니다.

역자 일동

추천사

현실을 한번 살펴볼까요? 인생에서 청소년기는 불편하고 고통스러운 시기일 수 있습니다. 이 시기에 메타인지라고 알려진 자신의 사고를 모니터링하는 능력이 향상되기도 하지만, 한편으로는 어린 시절에 그다지 괴로움이라고 느끼지 못했던 것들이 새로운 걱정거리들로 나타나기도 합니다. '나는 어떤 사람인가? 좋은 사람인가, 나쁜 사람인가? 사람들은 나를 어떻게 생각할까?'처럼 말이죠. 청소년기의 핵심 과업인 정체성 형성의 과정 역시 자신이 충분히 괜찮은 존재인지에 대한 염려와 많은 스트레스를 불러일으킵니다. 게다가 청소년들은 아직 세상에 대한 경험이 미숙하기 때문에, 힘겨운 자신들의 생각과 느낌을 결코 다른 사람들과 공유할 수 없을 거라고 단정 지어 버립니다. 그러고는 친구나 가족에게 둘러싸여 있을 때조차 외로움을 느끼기도 합니다.

바로 이 점이 청소년들에게 자기연민이 삶의 구원자(life-saver)가 될 수 있는 이유입니다. 기본적으로 자기연민이란 투쟁 중에 있는 자신에게 좋은 친구가 되어 주는 것을 의미합니다. 우리가 자기연민적이 되면, 불완전함은 그저 인간이란 존재가 가지고 있는 일부분임을 알게 됩니다. 그래서 자신에게 가혹해지는 대신 친절해지게 됩니다. 그리고 경험 속에서 길을 잃어버리는 대신 우리가 지금 경험하고 있는 것이 무엇인지 있는 그대로 알아차리게 됩니다.

수백 편이 넘는 연구에서 자기연민이 성인의 웰빙과도 큰 관련성이 있다는 것을 입

증하고 있습니다. 자기연민은 불안과 우울 및 스트레스를 줄여 주고, 더 큰 행복감과 삶의 만족감을 가져다주며, 대처기술과 대인관계 측면에서도 더 나은 결과를 가져옵니다. 또한 자기연민은 우리가 최선을 다할 수 있도록 지지적인 정서 상태를 유지해 줌으로써 실패에 대한 두려움이나 성과에 대한 불안을 줄이고, 가치 있는 목표를 추구하려는 동기는 증진시킨다는 결과도 나와 있습니다. 간단히 말해서, 우리가 우리 자신에게 친절해지고 지지적인 태도를 유지한다면, 특히 힘겨운 감정을 마주했을 때조차 그럴 수 있다면, 우리는 우리가 가진 잠재력을 최대한 발휘하면서 성장할 수 있게 됩니다.

이 워크북의 저자인 카렌 블루스(Karen Bluth) 박사는 자기연민이 청소년에게 미치는 영향에 관한 연구 분야의 세계적 권위자입니다. 카렌 블루스 박사의 연구를 비롯한 많은 연구는 자기연민적인 청소년일수록 자신에게 가혹한 청소년들에 비해 덜 불안하고, 덜 스트레스를 받으며, 덜 우울하고, 삶에 더 큰 만족감을 느낀다는 것을 보여 줍니다. 아울러 연구는 자기연민이 비단 청소년뿐만 아니라 모든 연령대의 사람들에게 보다 행복하고 만족스럽게 삶을 살 수 있도록 도와주는 기술이라는 것을 확인시켜 줍니다. 이러한 연구 결과를 토대로 카렌 블루스 박사는 동료인 로레인 홉스(Lorraine Hobbs)와 함께 청소년들에게 자기연민의 기술을 가르치기 위해 '나 자신과 친구 되기(Making Friends with Yourself: MFY)'라는 8주 프로그램을 개발했습니다. 이 프로그램은 저와 저의 동료인 크리스토퍼 거머(Christopher Germer) 박사가 함께 성인을 대상으로 만든 '마음챙김 자기연민(Mindful Self-Compassion: MSC)'이라는 프로그램을 각색한 것입니다.

'나 자신과 친구 되기' 프로그램에서 활용되고 있는 다양한 실습과 활동이 담긴 이 워크북은 청소년들에게 자기연민으로 향하는 문을 여는 열쇠가 되어 줄 것입니다. 또한 자기연민을 계발하는 과정을 단순하고 명료하게 해 줄 것입니다.

재미있고 의미 있는 활동으로 가득 찬 이 워크북을 통해, 청소년기라는 격동의 시기를 헤쳐 나가는 동안 어떻게 자신에게 친절해질 수 있고 지지적인 친구가 되어 줄 수 있는지를 배우게 될 것입니다. 그럼에도 불구하고 삶은 여전히 도전의 연속이겠지만, 자기연민의 기술이 용기와 힘 그리고 친절로 그 도전에 맞설 수 있도록 해 줄 것입니다. 이렇게 좋은 책이 제 청소년기에 나왔더라면 얼마나 좋았을까요!

텍사스 대학교 오스틴 캠퍼스 조교수,
『러브 유어셀프(Self-Compassion: The Proven Power of Being Kind to Yourself)』의 저자
크리스틴 네프(Kristin Neff) 박사

청소년들에게

청소년 시기를 지나는 일은 꽤나 힘든 일입니다. 제 짐작이 맞다면, 당신은 이미 그 사실을 충분히 눈치채고 있는 것 같군요. 때때로 자신이 아웃사이더처럼 느껴지다가도, 친구에게 메시지라도 오면 그런 느낌이 완전히 사라져 버리죠. 가끔 아무런 이유 없이 울기도 하고, 또 가끔은 이 지구상에 혼자인 것처럼 느껴지면서 자기를 이해해 주는 사람이 아무도 없다는 생각에 몹시 외로워지기도 합니다. 그러다가도 친구들과 함께하는 동안에는 또다시 완벽하게 그런 지독한 감정들을 잊어버립니다. 하지만 친구들과 헤어지고 다시 혼자가 되면, 외로움과 슬픔, 왠지 모를 기대에 못 미친다는 생각과 부족하다는 느낌들이 밀려오기 시작합니다.

자신의 이야기처럼 들리나요? 당신만 그런 것이 아닙니다.

이런 느낌은 청소년이라는 존재의 일부와도 같습니다. 청소년이라면 때때로 이런 감정을 경험하게 되지요. 아마 당신이 생각하는 것보다 훨씬 더 자주 그렇게 느낄 것입니다. 사실 청소년뿐만 아니라 성인들도 자신의 감정을 숨기고 좋은 모습만 보이는 것에 꽤나 능숙해서, 우리 모두는 마치 다른 사람들은 멋지게 잘 나아가고 있는데 나만 불안해하고 부족함을 느끼는 것 같다는 생각을 하게 됩니다.

그런데, 저를 믿어 보세요. 저기 저 인기 있는 아이들? 친구도 많고, 성적도 좋고, 스포츠 경기에서 우승도 하고, 모든 것을 쉽게 쉽게만 하는 것 같은 아이들? 그들도 때때로 극심한 불안을 느낀답니다.

제가 이 책을 통해 당신과 나누고 싶은 이야기가 바로 이것입니다. 자신이 기대에 못 미치는 것 같다는 느낌이 들더라도, 그것이 청소년기에 느낄 수 있는 지극히 자연스러운 감정이라는 것을 알고 그것 때문에 괴로워하지 않기를 바랍니다. 청소년기를 완전 재미없고 비참하게 견뎌 내는 것 말고도 당신이 할 수 있는 것들이 많이 있으니까요.

그렇다고 제가 이 책을 통해 당신에게 제시하는 것들이 반드시 친구들로 하여금 당신을 좋아하게 만드는 건 아니에요. 당연히 희망하는 대학에 입학을 시켜 준다거나, 선생님이 과제를 덜 내주고(그렇게 할 수만 있다면 정말 좋겠지만), 이상형과 데이트를 할 수 있게 해 주는 것도 아니고요. 하지만 당신이 당신 자신을 더 좋아할 수 있도록 도와줄 수 있어요. 자신에게 덜 가혹하고 덜 비판적이도록, 그리고 더 친절해질 수 있도록 도와줄 거예요. 삶의 어려움들, 청소년이라면 어떤 식으로든 직면하게 되는 스트레스 요인들, 완벽하지 않고 가치 없고 다른 사람에 비해 뒤떨어지고 있다는 느낌들을 더 쉽고 편안하게 대처하는 데 도움이 될 겁니다. 자신에게 친절해질수록 당신의 목표를 달성하는 데도 도움이 될 거예요(1지망 대학에 들어가는 것도 쉬워지겠죠?).

아마 당신은 지금 이런 생각들을 할 수도 있을 것 같군요! '하지만 나는 그럴 자격이 없어. 내가 얼마나 바보 같은 말들을 많이 하는지 몰라. 멍청이처럼 행동하지. 솔직히 다른 친구들처럼 똑똑하지도 않고, 매력적이지도 않아. 인기도 없고. 게다가 뚱뚱하기까지 하다고.' 그리고 장담컨대, 다른 친구들은 자기 자신을 위해 훨씬 더 많은 일을 해내고 있다고 생각하고 있겠죠. 그런데 심지어 자신에게 더 관대해진다면 나태한 게으름뱅이가 될 거고, 학교 공부도 엉망이 될 테고, 끔찍한 성적에다 원하는 대학에는 영원히 들어갈 수 없게 될 거라고 말이에요. 그렇게 되면 절대 제대로 된 직장을 구할 수 없게 될 거고, 결국에는 쓰레기통이나 뒤지며 길거리에 나앉게 될 거라는 생각을 하고 있겠죠.

제가 어떻게 당신의 생각을 알 수 있었을까요? 그건 대부분의 청소년이 이런 식으로 생각하기 때문이에요. 모두가 그런 건 아니지만 대부분의 10대 청소년들은 매우 자기판단적이죠. 청소년기의 특징 중 하나이기도 해요. 그래서 이 책을 통해 왜 청소년기에 그러한 특징들이 나타나는지, 그리고 중요하게는 당신이 무엇을 할 수 있는지를 다루어 볼 예정입니다.

이제 더 이상은 자기비난이나 자기혐오 또는 더 나쁜 것들과 투쟁하지 않아도 돼요. 이 책이 당신에게 자기연민과 친절해지는 방법들을 알려 줄 거니까요. 또 당신 자신을 있는 모습 그대로 좋아하는(심지어 사랑할 수 있는) 방법도 가르쳐 줄 겁니다. 특히 기분이 좋지 않은 순간에도 그 모습 그대로 자신을 좋아할 수 있게 도와줄 거예요. 무엇보다 자기연민이란 자신이 힘든 시기를 겪고 있을 때, 마치 좋은 친구에게 친절과 돌봄을 베풀듯이 자신에게도 똑같이 해 주는 것을 의미하니까요. 이 책을 통해 당신은 자기연민을 실천하는 데 도움이 될 구체적인 실습과 명상을 배우게 될 것입니다. 그리고 이러한 것들을 일상 속에서 활용할 수 있는 방법들도 배울 거예요. 물론 재미있는 방법으로요. 다양한 미술작업과 음악명상 그리고 창의적인 프로젝트들을 시도해 볼 거예요.

저는 당신이 이 책을 여유를 가지고 그저 천천히 훑어보기를 권합니다. 학교에서 배우는 방식과는 다르게 이 책의 내용들은 서서히 배워 나가는 것이 좋아요. 여유를 가지고 느긋하게 읽어 보세요. 읽고, 소화한 다음, 실습 한두 개를 해 보고, 그런 다음 그것을 통해 무엇을 배웠는지 곰곰이 사유해 봅니다. 그리고 가장 도움이 될 것 같은 실습들을 선택하고, 그렇지 않은 것들은 과감히 넘기세요. 이런 방식으로 책을 보는 것 또한 자신에게 친절하고 부드러워지는 것을 학습하는 데 도움이 될 수 있어요. 그리고 어깨 너머에서 귓속말로 속삭이는 잔소리꾼에다 고집스럽기까지 한 내면의 비평가로부터 당신을 해방시켜 줄 거예요.

또 한 가지 미리 이야기하고 싶은 것은, 이 책에서 우리는 성별을 왔다 갔다 하며 대화를 주고받게 될 거예요. 그 이유는 모든 사람, 그러니까 성별에 의문을 갖는 남성, 여성, 청소년들을 모두 아우르고 싶기 때문이에요. 여기에 나오는 도구들은 모든 사람에게 적용이 되는 것들이죠. 그러니 얼마든지 원하는 호칭으로 자유롭게 변경해서 사용해도 됩니다.

이 책에 실린 다양한 실습은 제가 공동으로 고안해서 현재도 가르치고 있는 '나 자신과 친구 되기(Making Friends with Yourself: MFY)'라는 청소년 MSC 프로그램에서 가지고 온 것들입니다. 또한 책 전반에 걸쳐 나오는 '청소년들의 실습 소감'은 실제 MFY 수업에 참여했던 청소년들의 말을 옮겨 적은 것들입니다.

청소년들의 실습 소감

이 수업을 듣고 나서 불안해하는 마음이 확실히 줄어든 것 같아요. 그래서 학교에서도 다른 사람들에게 좀 더 많이 열려 있게 된 것 같아요.

친구들의 경험은 곧 당신의 경험이 될 수 있어요. 자기 자신을 괴롭히는 사람이 당신 혼자만이 아니라는 것을 기억하세요. 우리 모두가 정상이 아닌 세상을 살고 있어요. 이 책과 함께하는 동안 당신의 가슴이 열려 있기를 바랍니다. 가슴에 무엇이 있는지 살펴보면서 실습을 따라 해 보세요. 각 활동들을 실험 삼아 시도해 보면서, 재미있는지도 확인해 보세요. 놀이처럼 하면서 어떤 것이 자신에게 효과가 있는지 살펴본 다음, 마음에 드는 것을 자신의 것으로 만들어 보세요. 애쓰지 않아도 돼요. 그저 새로운 방식으로, 어떻게 하면 당신 자신과 최고의 벗이 될 수 있을지 그 가능성을 탐구해 보는 정도면 충분하니까요.

차례

제1부 내가 힘든 진짜 이유 그리고 도움이 되는 것들

제2부 자기연민 발견하기

제3부 깊이 있게 배우기

제4부 자신을 포용하고 즐거움 찾기

삶에서 만난 모든 젊은이를 위해,
그리고 교실 안팎에서 만났던 모든 청소년을 위해.

당신이 언제나 온전히 안전하고 사랑받고 있음을 느낄 수 있기를.
그리고 자신을 있는 그대로 받아들일 수 있기를.

제1부

내가 힘든 진짜 이유
그리고
도움이 되는 것들

제1장

변화, 변화 그리고 더 많은 변화들

어느 날 아침, 잠에서 깨어난 당신은 문득 침대에서 나와 거울을 보다가 왠지 모르게 달라 보이는 자신을 마주하게 됩니다. 정확히 뭐가 달라졌는지는 모르겠지만 얼굴형이 좀 달라진 것 같기도 하고 손도 약간 커진 것 같고, 이런 외형적인 변화 말고도 감정 변화가 이전과 달리 심해진 것 같습니다. 마치 자신이 다른 사람같이 느껴집니다. 쉽게 화를 내고, 가끔 이유 없이 울기도 합니다. 그러다가도 또 어느 순간 갑자기 아주 행복해합니다. 도대체 무슨 일이 일어나고 있는 걸까요? 전에는 무심코 지나쳤을 법한 일들에 요즘은 수시로 감정의 롤러코스터를 타는 것 같습니다. 그리고 그런 자신의 모습을 지켜보면서 계속해서 판단하고 비난하는 내면의 어떤 부분이 있습니다. 이 내면의 목소리는 계속해서 '너는 아직 멀었어. 너무 부족해.'라고 하거나 '그래서 너는 도대체 뭔데? 잘난 것이 하나도 없어!'라고 말합니다. 이 모든 변화는 어느 날 갑자기 하루아침에 일어난 것만 같습니다.

옷을 입어야 하는데…… 도대체 뭘 입지? 교실 한쪽에서 어울리는 인기 있는 애들

은 요즘 무슨 옷을 입더라? 다시 거울을 들여다보지만…… 거울 속의 모습은 왠지 별로로 느껴집니다. 스카프가 똑바로 매어진 것 같지 않아서, 계속 다시 해 봅니다. 헉! 이런, 학교에 늦겠어요. 아침 먹을 시간도 없네요. 지각을 할까 봐 당신은 집을 뛰쳐나갑니다. 1교시는 과학시간인데, 죽을 맛입니다. 아니, 도대체 누가 1교시부터 벌레를 해부할 수 있다는 걸까요? 그것도 빈속에 말이에요. 당신은 수업의 대부분을 천장을 응시하거나 매력적인 실험실 짝꿍과 수다를 떨면서 보냅니다. 문제는 성적이죠. 선생님과 부모님은 끊임없이 "좋은 대학에 들어가려면 성적을 올려야 해."라고 잔소리를 하십니다. 으~ 압박감이 밀려옵니다. 내면에서는 '이봐, 네가 할 수 없다는 거 알잖아. 너는 그렇게 똑똑하지도 않아!'라며 작은 목소리로 비아냥거립니다. 자신이 실패자처럼 느껴집니다. 방과 후 농구 연습을 하다가 어이없게도 자기 발에 걸려 넘어지는 자신이 못난이처럼 느껴집니다('으이그, 이 칠칠치 못한 인간아!'). 그다음은 피아노 레슨 시간입니다. 연습을 충분히 하지 않은 탓에 연주가 엉망입니다. 또다시 자신이 낙오자처럼 느껴지는 순간입니다('윽, 이번 주에 연습을 더하고 왔어야 했는데. 정말 그러려고 했는데 말이야. 3주 연속 진도를 못 나가다니 너무 창피해!'). 드디어 집에 왔습니다. 완전히 지친 데다 실패자라는 기분을 도저히 떨쳐 버릴 수가 없는데, 눈앞에는 몇 시간이나 걸릴 숙제들이 산더미처럼 쌓여 있습니다. 다 내팽개치고 그대로 침대 속으로 들어가고 싶을 뿐입니다. 할 수 있다면 학교도, 삶도 모든 것이 봄바람처럼 순탄했던 초등학교 시절로 돌아가고만 싶어집니다.

도대체 무슨 일이 일어나고 있는 걸까요?

외부세계의 변화들

당신을 둘러싼 외부 환경들에 정말 많은 변화가 일어나고 있네요. 아마도 당신은 중학교 또는 고등학교 생활을 새로 시작했겠지요? 사실 그건 보통 일이 아닙니다. 모르는 사람이 훨씬 더 많은 곳에서 새로운 학교생활을 시작한다는 것은 꽤나 힘든 일이니까요. 게다가 친구 관계에도 변화가 일어나고 있을 거예요. 어쩌면 어렸을 때부터 함께했던 친구들이 더 이상 흥미롭게 느껴지지 않을 수 있어요. 당신에게 친구들이란 그저 가족보다 더 많은 시간을 보내는 사람들이 되어 버렸죠. 물론 흥미로 따지자면 가족이야말로 완전 지루하지만요. 게다가 당신의 부모님은 당신을 전혀 이해하지 못하는 것 같지요. 너무 과잉보호를 하고요. [이 말이 자신의 이야기라고 느껴지면 영화 〈크루즈 패밀리(The Croods)〉를 한번 보세요. 여기에 나오는 10대 주인공 이프(Eep)는 가족들, 그중에서도 특히 이프를 안전하게 지키고 그저 가족 동굴 안에서만 '보호'하려는 아빠에게 진저리가 난 인물이거든요. 밖으로 나가 세상을 탐험하고 싶은 이프의 바람과 아빠와의 갈등에 대해 아마 깊이 공감하게 될 거예요.]

그런 데다 해야 할 일들은 또 어떤가요? 전보다 훨씬 더 많아진 과제량에 압박을 느끼고 있을 거예요. 게다가 대학에 대한 중요한 결정을 곧 내려야 할 수도 있고요. 그건 너무도 압도적으로 무섭게 느껴지는 일이에요. 해야 할 일들이 너무 많아서 시간이 늘 부족하죠.

지난 몇 년 동안 당신의 외부세계에서는 주로 어떤 변화들이 있었나요?

____

____

____

그런 변화들 가운데 전에 없던 방식으로 당신을 자기비난적으로 만드는 일들은 무엇인가요?

솔직히 이 모든 것을 다 능숙하게 잘 처리하기에는 너무 많은 변화가 일어났을 거예요. 그러니 자신을 너무 혹독하게 대하지 않았으면 합니다. 가족과의 갈등이 있으면 당연히 기분이 안 좋기 마련이고 그런 일이 일어날 때마다 자신을 비난하게 되겠지만, 그 모든 것을 그저 당신이 쭉쭉 성장해 나가고 있다는 의미로 받아들일 수 있으면 좋겠어요. 당신은 자신 안에 어느 장소, 어느 집단에나 '잘 어울리는' 사람이 되고 싶은 욕구가 있다는 것을 알고 있나요? 그것이 나쁜 것은 아닙니다. 당신이 나약하거나 무조건적인 추종자라는 뜻도 아니지요. 우리 모두는 생존을 위해 다른 사람들이 필요해요. '소속'되고 싶고, 집단의 일부라고 느끼고 싶은 것은 그저 모든 인간의 기본적 본능입니다. 학교에서 뭉쳐 다니는 애들도 알고 보면 이런 '소속'되어 있다는 느낌을 원하기 때문에 그렇게 행동하는 거예요. 그러니 만일 집단에서 거절당했다는 이유로 자신을 비난한 적이 있다거나 기분이 좋지 않았다고 해도 걱정할 필요가 없습니다. 당신만 그런 것이 아니니까요. 모든 사람이 다 그런 건 아니지만 우리 대부분은 비슷한 경험들을 합니다. 학교생활 및 방과 후 활동으로 인한 압박과 삶의 스트레스도, 또 그로 인해 자신에 대해 부적절한 느낌을 가지게 되는 것도 모두 지극히 정상이지요. 당신은 그런 일들이 일어날 때 자신에게 친절해지는 방법, 즉 자기연민을 실습하는 몇 가지 방법을 이 책을 통해서 배우게 될 것입니다.

힘겨운 순간들을 경험할 때 자신에게 친절해지는 간단한 방법은 우선 자신을 진정시키고 약간의 긴장을 풀어 주는 행동을 하는 것입니다. 이제 자신의 기분을 알아차리고 안정을 찾는 데 도움을 줄 미술활동을 함께 해 볼까요? 이것은 우리가 마음챙김이라고 부르는 작업의 한 형태입니다. 이 미술활동은 마음의 속도를 늦추면서 알아차림을 잘 할 수 있도록 도와주는데, 이것은 다 자신에게 친절해지는 첫걸음이 될 수 있습니다. 그럼, 이제 다음 실습을 위해 펜이나 연필을 준비해 볼까요?

따라 해 보세요: 마음챙김 미술활동—테두리 그리기

시작하기 전에, 먼저 편안한 자세로 앉았는지 확인해 봅니다. 그런 다음, 두세 번 정도 이완하는 호흡을 합니다. 1~2분 정도 호흡을 한 다음, 주변에서 들리는 소리에 주의를 기울여 봅니다. 가까이서 들리는 소리와 멀리서 들리는 소리들을 알아차려 봅니다. 2분 정도 시간을 내어 들려오는 소리에 잠시 집중해 봅니다.

그림을 그릴 준비가 되면, 평소보다 조금 더 천천히 연필이나 펜을 잡아 봅니다. 펜을 손에 쥐고 있는 느낌이 어떤지 알아차려 봅니다. 온도와 질감은 어떠한가요? 펜이나 연필을 어떻게 쥐고 있는지도 주의를 기울여 봅니다.

그런 다음, 다음의 그림으로 주의를 이동해 봅니다. 마음챙김을 하면서 작업할 그림은 바깥쪽 테두리 부분과 안쪽 장식, 두 부분으로 나뉘어 있습니다. 바깥쪽 테두리 부분을 먼저 작업하고, 이후에 안쪽 부분을 작업해 봅니다.

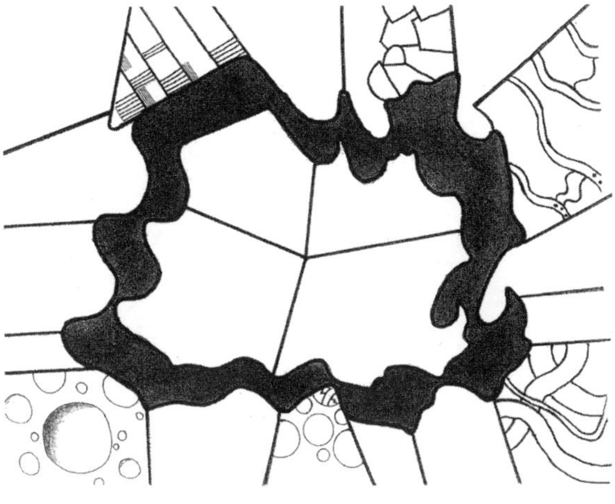

다음의 다양한 패턴을 살펴봅니다. 살펴보는 것에서부터 마음챙김 그리기 활동이 시작됩니다.

테두리 윤곽선 안쪽에서 패턴들이 만들어지는 것을 알 수 있습니다. 먼저, 이 패턴의 윤곽들을 완성해 봅니다. 패턴의 테두리를 다 완성한 다음, 당신이 고안해 낸 패턴으로 안쪽을 채워 나갈 것입니다. 패턴 모양은 다음의 예시들을 참고할 수 있습니다. 하지만 지금은 단순하게 바깥쪽 테두리만 작업한다는 것을 기억하기 바랍니다. 천천히 합니다. 이것은 예술작품을 만드는 것이 아닙니다. 윤곽선을 그릴 때는 그저 윤곽선을 그리고 있다는 사실에 집중하면서, 손에 쥐고 있는 펜이나 연필의 감각, 종이의 질감과 종이에 닿는 펜의 소리까지도 알아차리는 작업입니다. 천천히 그리고 신중하게 선을 그립니다. 이 작업은 적어도 20분 정도 소요되며, 그보다 훨씬 더 오래 걸릴 수도 있습니다.

이런 방식으로 그림을 그리는 것이 어땠나요? (해당되는 내용에 모두 동그라미로 표시해 보세요.)

- 좋았어요! (　　)
- 하고 나니 차분해졌어요. (　　)
- 빨리 끝내고 싶었어요. (　　)
- 옛날에 했던 색칠공부가 생각났어요. (　　)
- 안쪽 부분은 어떻게 해야 하는지 궁금해졌어요. (　　)
- 계속 더 하고 싶었어요. (　　)
- 그러지 말라고 하셨지만, 잘 그리지 못할까 봐 걱정이 됐어요. (　　)
- 마음챙김 색칠공부 책을 바로 사러 가야겠어요. (　　)

방금의 미술활동을 하고 난 다음, 조금 차분해졌다거나, 좀 더 집중하게 되었거나, 편안하게 이완되었다는 걸 알아차릴 수도 있어요. 그 이유는 당신이 신체적 감각, 그러니까 펜이나 연필의 느낌과 종이의 질감 같은 감각에 집중했기 때문이에요. 마음이 신체적 감각에 집중하게 되면, 미래나 과거에 대한 생각들을 곱씹는 대신에 지금 이 순간에 온전히 머무르게 됩니다. 마음챙김 실습은 우리가 현재에 온전히 머물도록 훈련시켜 준답니다.

신체 내부에서 일어나는 변화들

지금까지 당신의 외부 환경들에 어떠한 변화들이 있었는지 살펴보았는데요, 이번에는 신체 내부에서 무슨 일들이 일어나고 있는지 살펴볼까요?

사춘기 호르몬 변화에 대해 한 번쯤 들어 본 적이 있을 거예요. 당신의 몸이 어떻게 변하고 있는지, 어떻게 '번식'(윽!)을 준비하고 있는지 들어 보았을 거예요. 하지만 그것 말고도 우리 신체 내부에는 아주 많은 변화가 일어나고 있어요.

또 알고 있나요? 지금 당신의 뇌는 아기였을 때를 제외하고 인생의 그 어느 때보다 많은 변화가 일어나고 있답니다. 당신의 몸이 변화하듯이 뇌 또한 성인으로서의 삶을 시작할 준비를 하고 있는 것이지요.

가장 흥미로운 사실은, 뇌의 각기 다른 두 부분이 동시에 발달하고 있다는 거예요. 그중 하나는 변연계(limbic system)라고 불리는 부분으로, 당신이 두렵거나 화가 났다는 감정을 느낄 때 활성화되는 뇌의 한 부분입니다. 변연계의 변화는 보통 11~12세쯤부터 시작됩니다. 아마 이때부터 더 쉽게 눈물을 흘리거나, 냉정한 기분에서 갑자기 약 1.5초 만에 엄청나게 화를 내는 자신을 발견할 수 있었을 거예요. 또 자기비난이나 우울증에도 더 쉽게 빠지게 되지요. 그리고 이러한 뇌의 변화로 인해 그동안 한 번도 시도해 보지 않았고 앞으로도 전혀 관심이 없을 것 같은 새로운 일들에 도전해 보려고 위험을 무릅쓰기도 합니다. 왜 그런 걸까요? 뇌의 변화로 인해서 이전과 같은 흥분과 신남을 느끼기 위해서는 긴장감을 더 올려야만 하기 때문입니다. 참 재미있지요?

또 다른 뇌의 변화는 바로 전두엽 피질(prefrontal cortex)이라고 불리는 곳입니다. (인정합니다. 과학용어들이 좀 복잡하지요…….) 이 부분은 계획을 세우고, 결정을 내리고, 상황의 장단점을 따지고 충동을 조절하는 등 '고차원적 사고'를 담당해요. 당신이 25세 정도가 될 때까지 전두엽 피질은 가지치기(pruning) 과정을 거치면서, 사용되지 않는 뇌의 모든 부분[뉴런(neuron)이라고 알려진]을 확인하고 제거하는 과정을 진행합니다. 그래야 자주 사용하는 부분들이 더욱 강력해져서 신호를 더 빨리 주고받을 수 있게 되기 때문이지요.

지금부터 하는 이야기가 중요한데요. 변연계와 전두엽 피질 둘 다 모두 비슷한 시기에 변화가 시작되지만, 감정을 담당하는 변연계가 더 빨리 변화합니다. 15~16세 정도가 되면 대부분의 변연계 변화가 완성되지요. 하지만 전두엽 피질, 즉 사물에 대해 진지하고 논리적으로 사고하며 신중한 결정을 내리도록 돕는 부분은 훨씬 더 늦은 20대중반이 되어서도 발달과정이 완전히 끝나지 않아요. 그래서 과학자들은 이것이 바로 10대들이 나중에 무슨 일이 일어날지 신중하게 생각하지도 않고 위험하게 행동하는 이유일 뿐만 아니라, 신나는 일을 경험하면 극도로 기분이 고조되거나 반대로 신나지 않거나 고통스러운 경험을 할 때 극도로 저하되는 이유를 설명한다고 봅니다. 또한 이것은 청소년들이 때때로 사실이 아님에도 왜 그렇게 극심한 자기비난이나 자신감 결여로 인해 괴로운 시간을 보내는지에 대한 이유도 설명해 줍니다. 이것이 모두 다 뇌에서 일어나는 변화 때문입니다!

[청소년기의 뇌에서 일어나는 다양한 변화에 대해서, 또 이러한 변화들이 결과적으로 어떻게 어른이 되어 가는 과정에서 겪게 되는 도전들에 대비할 수 있게 해 주는지에 대해서 더 알고

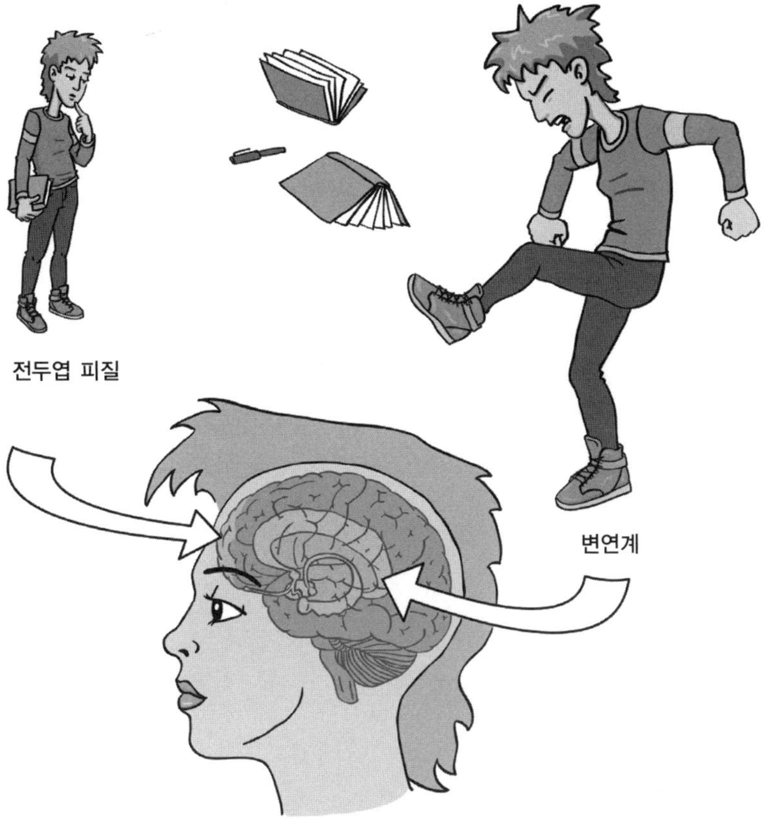

싶다면, 댄 시걸(Dan Siegel) 박사님의 『십대의 두뇌는 희망이다(Brainstorm: The Power and Purpose of the Teenage Brain)』를 읽어 보면 도움이 될 거예요. 이 책은 청소년과 성인 모두를 위한 책이니 부모님과 함께 읽어 볼 수도 있습니다.]

뇌의 변화에 대한 이야기들로 조금은 긴장되었을 수도 있으니, 지금부터 다시 이 장 앞부분에서 시작했던 마음을 이완시켜 주는 마음챙김 그림 패턴을 계속 이어 나가 볼게요.

따라 해 보세요: 마음챙김 미술활동—안쪽 부분 작업하기

다시 한번, 고요한 시간을 갖고 당신의 주의를 방 안으로 가져옵니다. 그런 다음, 몸에서 느껴지는 신체 감각들을 알아차려 봅니다. 앉아 있는 의자나 소파 또는 바닥과 몸이 닿아 있는 것을 알아차릴 수도 있습니다. 온전히 1~2분 동안, 지금 이 순간 몸에서 일어나고 있는 감각들을 알아차려 봅니다.

시작할 준비가 되면, 천천히 연필이나 펜을 잡아 봅니다. 연필이나 펜의 촉감, 온도, 질감을 알아차려 봅니다. 펜에 닿은 손이 어떻게 느껴지는지 주의를 기울여 봅니다.

천천히 다시 한번 23쪽의 패턴 그림으로 주의를 가져가 봅니다.

이번에는 그림의 안쪽 부분을 작업합니다. 바깥쪽 테두리에서 시작된 패턴을 사용하거나, 자신만의 패턴을 안쪽 부분에 만들어 볼 수도 있습니다. 이 작업을 마치고 난 다음, 원한다면 사인펜이나 색연필로 색을 칠해 볼 수도 있습니다.

기억하세요. 이 작업은 훌륭한 예술작품을 만들거나 벽에 걸고 싶은 그림을 만드는 게 아닙니다. 뭔가가 내면에서 일어날 때, 그것이 올라오는 순간 몸에서 느껴지는 감각을 알아차리는 실습입니다.

적어도 20분 정도의 시간을 가지고 그림 작업을 해 봅니다. 이 작업의 목적은 그림을 마무리하는 데 있는 것이 아니라 감각을 알아차리는 데 있습니다.

지금 기분이 어떤가요? (해당되는 내용에 모두 동그라미로 표시해 보세요.)

- 편안하고 이완된 느낌이에요. (　　)
- 차분하고 편해요. (　　)
- 똑같아요. (　　)
- 이거 정말 괜찮았어요. (　　)
- 제가 예술을 좋아한다고 생각해 본 적이 없었는데, 이건 괜찮았어요. (　　)
- 제 취향은 아니었어요. (　　)
- 색칠한 부분이 마음에 들어요. (　　)
- 연필이 좀 더 뾰족하면 좋겠어요. (　　)

두 번째 마음챙김 그리기 실습까지 마치고 난 지금, 당신의 기분이 약간 나아진 것을 느낄 수 있을 거예요. 그렇지 않나요? 그래서 마음챙김을 우리 자신을 돌보는 방법이자, 우리 자신에게 친절해지는 방법이라고 합니다. 하루 중 잠시라도 시간을 내어 우리를 미치게 만드는 모든 것으로부터 벗어나, 그냥 앉아서 그림을 그리거나 색칠을 해 보세요. 이것이 바로 자기연민의 행위랍니다.

나의 생각들

다음의 빈 공간을 이용해서 이 장을 모두 읽고 난 후 떠오르는 생각들을 글이나 그림으로 표현해 보세요.

다음은 당신이 생각해 보면 좋을 주제입니다.

- 학교, 가족 및 친구와의 관계 등 나의 바깥 세계의 달라진 변화들
- 나의 몸과 마음 등 내부 세계의 달라진 변화들
- 나 자신에 대해 내가 어떻게 느끼는지, 그리고 이러한 관점이 지난 몇 년간 어떻게 바뀌어 왔는지에 대한 변화들

맺음말

청소년 시기에는 학교, 친구, 가족 등 외부세계뿐만 아니라 우리의 신체 내부에서도 정말로 많은 변화와 전환이 일어나기 때문에, 종종 이런 변화에 대해 압도되는 느낌을 받을 수 있습니다. 그래서 이 모든 변화에 적응하기 어려워하는 자신에 대해서 '기대에 못 미친다'거나 '충분하지 않다'고 느끼곤 합니다. 그저 우리에게는 적응을 위한 시간이 필요할 뿐인데도 말입니다. 만일 당신이 자신감이 결여되고 스스로에 대해 비판적이라고 느껴진다면, 혼자만의 문제가 아니라는 사실을 알기 바랍니다. 그것은 누구에게나 일어날 수 있는, 단지 청소년 시기를 지나면서 변화에 적응해 가는 과정일 뿐입니다. 계속해서 이 책을 읽어 나가다 보면, 어떻게 자기연민이 덜 자책하고 자신의 모습을 있는 그대로 받아들이도록 도와줄 수 있는지 알게 될 것입니다!

제2장

자기연민이란 무엇일까

정말 중요한 질문이네요, 그렇죠? 여기에 대해 이미 지난 장에서 약간의 힌트를 얻었을 거예요. 하지만 지금 당장 제가 나서서 답을 해 주기보다, 자기연민이 무엇인지, 그리고 자기연민이 당신에게 무엇을 해 줄 수 있는지 스스로 발견하도록 도와주려고 해요. 실습을 통해서 말이죠.

따라 해 보세요: 자기연민 발견하기

친한 친구가 좋지 않은 경험을 했던 일에 대해 당신에게 털어놨던 순간을 떠올려 보세요. 예를 들어, 그 친구는 시험을 망쳤거나, 어떤 시합에서 결정적인 실수를 했거나, 좋아했던 사람이 다른 사람에게 데이트 신청을 했다는 걸 알게 되었을 수도 있어요. 어쨌든 그 친구는 자신이 정말 쓸모없는 사람이 된 것처럼 기분이 많이 좋지 않았어요. 당신의 친구가 힘들어했던 상황에 대해 아래에 적어 보세요.

____

____

____

____

____

이제 당신이 그때 친구에게 해 주었던 말을 떠올려 보세요. 그리고 무슨 말을 했는지, 어떻게 말했는지, 목소리 톤이 어땠는지 여기에 적어 보세요.

____

____

____

____

____

이제 당신 자신의 기분이 정말 나빴던 때를 떠올려 보세요. 당신이 너무도 바보 멍청이처럼 느껴졌거나, 사람들과 어울리지 못한다고 느꼈거나, 쓸모없다고 느꼈거나, 쥐구멍에라도 들어가 영원히 숨고 싶었던 상황일 수 있어요. 예를 들어, 시험을 망쳤거나, 어떤 시합에서 결정적인 실수를 했거나, 좋아했던 사람이 다른 사람에게 데이트 신청을 했다는 걸 알게 되었을 수도 있어요.

잠시 시간을 갖고 당신에게 힘겨웠던 상황을 떠올려 보세요.

자, 이제 그 상황에 대해 적어 보세요.

그때 당신은 자신에게 무슨 말을 했었나요? 그 말들을 적어 보세요. 그리고 그 말을 할 때 목소리 톤이 어떠했는지도 적어 보세요.

무엇을 알게 되었나요? 친구에게 해 주었던 것과 같은 방식으로 당신 자신을 대해 주었나요? (동그라미로 표시해 보세요.)

예　　　　　아니요

제 짐작이 맞다면, 당신은 '아니요'라고 대답했을 거예요! 어때요, 제 말이 맞죠? 어떻게 알아낸 걸까요? 간단합니다. 우리 중 78%가 자신보다 다른 사람에게 더 친절하다는 연구 결과가 있거든요. 그러니 만약 당신이 자기 자신보다 친구에게 더 친절했다는 이유로 '아니요'에 동그라미를 친 사람 중 하나라면, 걱정하지 않아도 됩니다! 당신만 그런 것이 아니랍니다.

사실, 우리 대부분이 그래요. 주변 사람들에게는 친절하지만, 정작 우리 자신에 대해서는 가혹하게 판단하고 비난하지요. 왜 그럴까요? 그 이유는 다양합니다. 우리가 자라 온 방식일 수도 있고, 우리 문화의 일부라서 그럴 수도 있어요. 아주 어릴 때부터 우리는 다른 사람들에게는 친절해야 하지만, 우리 자신에게 친절한 것은 '이기적'이거나 '자기만 챙기는' 거라고 들었거든요. 게다가 우리 자신을 제대로 채찍질하지 않으면 인생에서 실패하고 불행해질 거라고 들어 왔지요. 다른 사람보다 잘하지는 못하더라도 최소한 다른 사람만큼은 해야 한다고요. 그리고 그건 우리가 종종 자기비난적이 되어야 한다는 것을 의미하지요.

틀림없이 지금쯤 당신은 스스로에게 친절해지는 방법으로 넷플릭스 TV 시리즈나 좋아하는 유튜브 채널을 종일 보면서 빈둥거리는 것을 떠올렸을 거예요. 맞죠? 숙제도 전혀 하지 않고, 그러다 좋은 성적도 못 받고, 좋은 대학에 들어가지도 못할 거고, 결국 빈둥거리는 거대한 놈팽이가 될 거라고요. 그렇지 않나요? 하루 종일 누워서 TV나 보는 한심한 인간이 될 거라고 말이에요.

그렇지만 그건 틀린 말이에요! 우리는 연구를 통해 자신에게 친절한 사람들이 실제로 무언가를 성취하기 위한 동기를 더 많이 가지게 된다는 것을 알고 있답니다. 자신에게 친절한 사람들은 덜 꾸물거리고, 새로운 것을 더 많이 시도하죠. 왜 그런지 아세요? 바로 실패를 걱정하거나 의심하지 않고 온 힘을 다하기 때문이에요. 이런 사람들은 자신이 목표를 달성하지 못해도 스스로를 자책하지 않을 거라는 걸 이미 알고 있거든요. 그저 받아들이고, 꾸준히 노력할 뿐이죠. 그래서 대체로 더욱 행복하고요.

알아요. 이런 이야기를 한 번도 들어 본 적이 없었을 거예요. 그렇지만 저와 함께 천천히 배워 가면 됩니다. 열린 마음을 갖기로 약속했었지요?

우리는 다른 사람에게 친절할 뿐만 아니라, 우리 자신에게도 친절할 수 있어요. 심지어 동시에 둘 모두에게 친절할 수도 있어요! 자기연민이 무엇인지 배우면, 왜 그런지 그 이유를 알 수 있게 될 거예요!

자기연민의 정의

'자기연민이란 힘겨운 시간을 보낼 때, 친한 친구를 대하듯이 우리 자신을 대하는 것.' 바로 이거예요! 보통 우리는 친구들에게는 정말 친절하니까, 친절하다는 게 어떤 건지 잘 알고 있을 거예요. 그러니까 우리는 그 친절을 우리 자신에게로 향하게 하기만 하면 됩니다. 쉬울 것 같죠? 그렇지 않나요?

사실, 어렵지 않아요. 다만, 익숙하지 않기 때문에 조금 연습이 필요할 뿐이에요. 그러니 이 책에 실린 실습들이 처음엔 어색하거나 이상하게 느껴지더라도 걱정하지 마세요. 단지 이런 실습들이 우리에게 완전히 새로운 시도라는 것만 기억하세요. 새로운 것을 시도할 때 보통은 조금 이상하다고 느끼잖아요. 그렇죠?

자기연민의 세 가지 요소

자기연민에는 세 가지 요소가 있어요. 세 요소를 모두 또는 각각 실습에서 사용할 수 있습니다. 이 세 가지 요소를 알게 되면 자기판단을 하지 않고 우리 자신에게 더 친절해지는 데 도움이 될 거예요.

자기친절 자기 자신에게 친절하게 대한다는 말은 당신이 힘겨움을 겪고 있거나 자신을 비난하게 될 때, 마치 친한 친구에게 말해 주듯 당신 자신에게 친절한 말을 해 주는 것입니다. "네 기분이 어떤지 알아."라고 말해 주거나, "네가 최고야!"라고 할 수도 있죠. 또한 자신에게 무언가 친절한 행동을 해 줄 수도 있어요. 좋은 영화를 보거나 재미있는 책을 읽는 것처럼 말이죠.

마음챙김 마음챙김이란 판단 없이 호기심을 가지고 현재 경험하고 있는 것에 주의를 기울이는 것을 의미해요. 우리가 우리 자신을 비난하거나 판단하게 될 때, 마음챙김의 방식으로 우리의 경험에 주의를 기울여 보면 우리가 가지고 있는 부정적인 감정을 인정할 수 있고, 자기비난이나 판단과 같은 부정적인 감정 또한 그냥 지나갈 수 있는 것임을 알게 된답니다.

보편적 인간 경험 당신이 지금 겪고 있는 일이 사실은 청소년이라면 누구나 겪을 수 있는 일이라는 것을 이해하는 것입니다. 물론 믿기 어렵겠지만, 진짜 그렇다고 장담할 수 있어요! 완전히 똑같은 상황은 아닐 수도 있지만, 청소년이라면 누구나 비슷한 경험들을 하게 됩니다. 사실, 어른들도 때때로 열 받고, 화나고, 상처받고, 슬프고, 좌절하고, 외롭고, 실망을 합니다. 그리고 어떤 때에는 이러한 감정을 동시에 한꺼번에 느끼기도 하죠! 이건 그저 우리가 인간이기 때문에 겪는 일이에요. 모든 사람이 이런 감정 기복을 느끼고, 특히 청소년기에는 더욱 그렇지요. 당신은 가끔 기분이 정말 좋은 상태였다가 순식간에 아주 기분이 나빠지는 걸 알아차릴 수도 있어요. 이런 현상은 10대 청소년 시기 동안 몸에서 일어나고 있는 모든 변화(지난 장에서 이미 충분히 다루었죠)와 외부세계의 모든 압력(성적, 학교, 운동, 적응과 같이 당신이 부족하거나 부적절하다고 느낄 수 있는 것들)과 관련되어 있습니다.

그러니 걱정하지 마세요. 우리 모두가 그랬듯이 당신도 잘 이겨 낼 수 있어요. 당신 혼자만 그런 것이 아니라는 것을 기억하세요. 그리고 슬프거나 상처받거나 우울하거나 화가 난다고 해서 잘못된 것이 아니라는 것도 기억해 주세요. 그건 단지 당신이 인간이라는 증거이며, 자기연민이 필요한 순간일 뿐이지요.

다음 실습은 자기비난, 마음챙김, 보편적 인간 경험, 자기친절이 어떤 것인지 실제로 당신이 느껴 볼 수 있도록 해 줄 것입니다.

따라 해 보세요: 자기연민의 손동작

자리에서 일어나 보세요. 그리고 두 손을 뻗어 주먹을 꽉 쥐어 봅니다. 할 수 있는 만큼 주먹을 꽉 쥔 다음, 30까지 숫자를 천천히 세어 보세요. 그러면서 이게 어떤 느낌인지 떠올려 봅니다. 아픈가요? 불편한가요? 그만하고 싶은 마음이 드나요? 이것이 바로 자기비난이 주는 느낌이에요. 답답하고, 아프고, 정말 불편하죠. 재미도 없고요!

이제 손바닥을 위로 향하게 주먹을 펴 봅니다. 어떤 느낌인가요? 좀 더 편안한가요? 열려 있고 이완된 느낌인가요? 이게 바로 마음챙김이 주는 느낌이에요. 지금 이 순간 그것이 무엇이든 그대로 느껴 보고, 받아들여 보는 거죠.

이번에는 두 손을 그대로 편 채, 두 팔을 앞으로 쭉 뻗어 보세요. 어떤 느낌인가요?

누군가에게 손을 내미는 것 같나요? 다가가려고 하는 것 같나요? 안아 주려고 하는 것 같나요? 안아 달라고 하는 것 같나요?

이게 바로 보편적 인간 경험이 주는 느낌이에요. 마치 손을 뻗어 다른 사람과 연결되려는 것 같지요. 어딘가에 속해 있는 것 같은 느낌이자, 집단의 일원인 것 같은 느낌이에요.

이제 두 손을 그대로 가져와서 가슴 위에 올려놓아 보세요. 그저 두 손이 그곳에서 쉬게 해 줍니다. 어떤 느낌인지 알아차려 보세요. 가슴에 느껴지는 가벼운 무게감이나 따뜻함을 알아차려 보세요. 어떤 느낌인가요?

따뜻한가요? 안심이 되나요? 보호받는 것 같나요? 돌봄을 받는 것 같나요? 사랑받는 것 같나요? 이게 바로 자기친절, 또는 자기연민입니다. 꽤 좋은 느낌이지요. 그렇지 않나요?

이렇게 가슴에 손을 얹는 것도 자기연민의 행위가 될 수 있습니다. 장담컨대, 분명히 당신에게는 이미 자신을 친절하게 대해 왔던 다양한 방법이 있을 거예요. 피곤하거나, 실망하거나, 상처받았을 때 당신은 어떻게 하나요? 어떻게 당신의 기분이 나아지게 해 왔었나요? 잠시 시간을 갖고 한번 살펴보세요.

따라 해 보세요: 이미 실천하고 있는 나만의 자기연민 활동

다음은 청소년들이 기분이 나아지고 싶을 때 주로 하는 활동 목록입니다. 이미 당신이 해 오던 활동이 있다면, 파란색 펜으로 동그라미 표시를 해 봅니다. 그런 다음, 검은색 펜으로는 당신이 앞으로 해 보고 싶은 활동에 동그라미 표시를 해 봅니다. 그리고 빨간색 펜으로는 절대로 하고 싶지 않다고 생각하는 활동에 × 표시를 해 보세요. 마지막 부분에는 제가 빠뜨린 활동을 자유롭게 추가할 수 있는 공간도 있답니다.

재미있는 영화 보기 (   )

무서운 영화 보기 (   )

자전거 타러 가기 (   )

달리기하러 가기 (   )

동생과 게임하기 (   )

『해리 포터(Harry Potter)』 아니면 『헝거 게임(Hunger Games)』 같은 좋아하는 책 읽기 (   )

학교에서 절대 읽지 않을 책들 읽기 (   )

반려 고양이랑 웅크리고 있기 (   )

강아지와 산책하러 가기 (   )

자신만의 반려동물과 놀기 (   )

친구에게 전화하기 (   )

친구에게 메시지 보내기 (   )

쇼핑하러 가서 나를 위해 뭔가 멋진 것 사기 ( )

스케치북을 들고 밖에 나가 스케치하기 ( )

밖에 나가서 농구 게임 하기 ( )

분필 들고 길에 나가서 아스팔트에 웃긴 것 그리기 ( )

내가 하고 싶은 수공예 작업하기 ( )

좋아하는 음악을 틀어 놓고 신나게 춤추기 ( )

휴대폰으로 게임 한 판(또는 두세 판) 하기 ( )

숲으로 하이킹하러 가기 ( )

물수건이나 시원한 물로 얼굴 닦기 ( )

건강에 좋은 간식 만들기 ( )

다이어리 쓰기 ( )

다이어리가 없다면, 빈 종이나 컴퓨터로 일기 써 보기 ( )

잠깐 낮잠 자기 ( )

반려동물 쓰다듬기 ( )

충분한 시간을 갖고 부드럽게 샤워하기 ( )

눈을 감고 헤드폰으로 좋아하는 음악 듣기 ( )

지금 당장 모든 활동을 생각해 내야 하는 건 아니에요. 이건 단지 시작을 위한 목록일 뿐입니다. 이 책을 통해서 당신 자신에게 친절해지는 다양한 많은 방법을 배우는 동안, 당신은 언제든 이 목록으로 다시 돌아와서 새롭게 떠올린 활동을 추가하면 됩니다.

지금 바로 이 목록들 중에 하나를 시도해 보면 어떨까요? 자신에게 친절한 활동을 하면 기분이 좋아져서 오히려 다른 활동을 할 수 있는 에너지가 생겨날 거예요. 특히 이 활동을 하는 동안 마음챙김을 해 본다면, 그래서 목욕물의 따뜻함이나 반려동물의 부드러운 털의 감촉 같은 물리적 감각을 알아차리게 된다면, 활동하고 난 다음에 정말 잘 쉬었다고 느끼게 될 거예요.

어떤 활동을 해 볼지 적어 보세요.

그리고 가서 시도해 봅니다.

그런 다음 기분이 어떤지 적어 보세요. 자신의 언어로 표현해 볼 수도 있고, 여기에 있는 단어들을 사용해 적어 볼 수도 있습니다(끔찍함, 아주 좋음, 나쁘지 않음, 그럭저럭, 오늘 컨디션 최상, 더할 나위 없이 행복함, 우울함, 슬픔, 화가 남, 답답하고 짜증이 남, 매우 즐거움, 기뻐서 날뜀, 최악임 등등).

청소년들의 실습 소감

몇 달 동안 자기연민을 연습하고 나서 친구들은 뭐라고 말을 했을까요?

- 저는 저 자신이 좀 더 편해진 것 같아요. 네, 그런 것 같아요.
- 피부로 더 많은 것을 느낄 수 있게 된 것 같아요.
- 다른 사람이 저를 좋아하는지 안 좋아하는지 그렇게 많이 걱정하지 않게 된 것 같아요. 제가 저 자신을 좋아하니까요!

만약 당신이 자기연민을 매일 규칙적으로 실습했다면 어떨 것 같나요? 그게 바로 앞으로 우리가 이 책에서 배우고 연습할 내용이랍니다.

마음챙김을 하면, 즉 호기심을 가지고 판단하지 않고 주의를 기울여 보면 우리가 자신을 어떻게 대하는지 알아차리게 되고, 우리 자신에게 더 친절해질 수 있어요. 다음 미술활동은 마음챙김 활동으로, 우리가 주의를 기울이도록 돕고, 우리 자신을 판단할 때 '내려놓을' 수 있도록 가르쳐 줄 거예요.

앞에서 했던 자기연민의 손동작 실습을 기억하나요? 이번에는 손의 윤곽 그리기를 할 것입니다. 이번 실습은 손의 제스처를 기억하게 해 주고, 몸으로 마음챙김, 자기연민, 보편적 인간 경험, 자기친절을 어떻게 느끼는지를 기억하는 데 도움이 될 것입니다.

따라 해 보세요: 마음챙김하면서 손 모양 그리기

이 실습에는 펜이나 연필, 그리고 종이가 필요합니다.

기억하세요. 이 책에서 하는 마음챙김 미술활동은 벽에 걸 작품을 만드는 과정이 아닙니다. 그저 자신의 감각을 관찰하고 실제로 알아차려 보는 시간을 가져 보는 실습입니다. 손에 쥔 연필의 느낌, 그림을 그릴 때 선의 세세함과 선 사이의 공간 같은 감각들을 말이죠. 작품을 완성하는 데 목적이 있지 않아요. 사실, 완성을 걱정하지 않아도 돼요. 여기는 학교가 아니니까요.

당신이 그림을 그릴 때, 어떤 판단이 올라오는지 알아차려 보고, 그런 생각들을 부드럽게 놓아줄 수 있는지도 봅니다. 예를 들어, 판단하는 생각은 '우웩' 같은 느낌일 수도 있고, '너무 엉성해 보이는데.' 또는 '이 책을 가진 사람 중에 내 그림이 제일 엉망일 게 확실해.'와 같은 생각일 수 있습니다. 이런 생각이 올라오는 것을 알아차렸다면, 이것은 아주 정상적이며 우리 모두 이런 생각을 한다는 것을 기억해 주세요. 그리고 이 실습은 이러한 감각을 알아차리는 데 목적이 있다는 것을 기억하기 바랍니다. 다음 장에서는 이런 판단하는 생각을 직접적으로 다루는 방법에 대해 알아볼 거예요. 이번에는 단순히 그림을 그려 보도록 합니다.

손의 윤곽을 따라 그리는 것 먼저 시작해 보세요. 윤곽을 따라 그릴 때, 천천히 연필을 움직이면서 당신이 자신의 손의 세밀한 부분에 집중할 수 있게 해 봅니다. 손을 따라 그린 다음, 손이 그려진 바탕 면에 직선으로 평행선을 그려 보세요. 그 선이 손의 윤곽선에 도달하면, 손의 굴곡을 반영해서 곡선으로 그려 봅니다. 펜이나 연필이 다시 바탕 면으로 나오게 되면, 선은 다시 직선이 됩니다. 아주 천천히 움직이는 것을 잊지 마세요. 그림 빨리 끝내기 대회가 아니랍니다.

그런 다음, 빈 공간에 (제1장 실습에서처럼) 마음챙김 패턴을 그려 넣어 봅니다. 제1장에 있는 마음챙김 패턴을 사용하거나, 나름대로 자신의 패턴을 만들어 볼 수도 있습니다. 중요한 것은 속도를 늦추고 그림을 그리는 동안 무엇을 그리고 있는지 알아차리면서 계속해서 펜이 선을 그리며 나아가는 감각을 알아차리는 것입니다.

마음이 떠도는 것을 알아차릴 때마다 다시 한번 당신의 주의를 펜이나 연필을 쥐고 있는 손의 감각 또는 종이 위의 펜이나 연필의 감각으로 부드럽게 되돌립니다.

원한다면 패턴에 색을 칠해 볼 수도 있습니다.

다음의 그림은 제 친구 케이트 머피(Kate Murphy)가 그린 예시입니다.

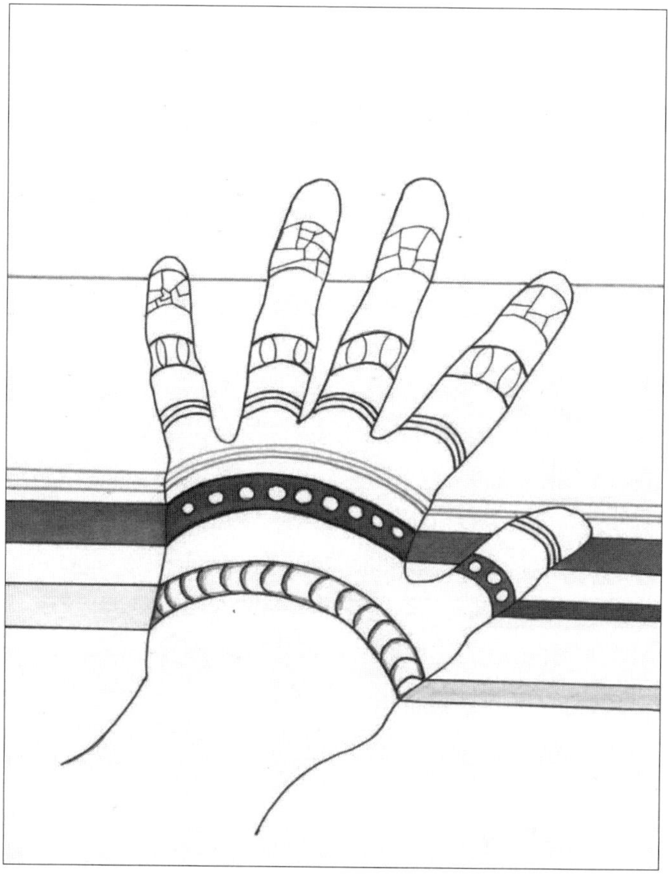

이러한 마음챙김 방식—자신이나 자신의 작업을 판단하지 않으면서, 그저 시간을 충분히 갖고서 그림을 그리고 있는 동안 그 감각들을 알아차리는 데 집중하는 것—으로 그림을 그리는 것이 당신에게 매우 편안함을 줄 수 있다는 것을 기억하기 바랍니다. 또 무엇을 기억하면 좋을까요? 바로 당신이 하고 싶을 때면 언제든지 이 그리기 실습을 할 수 있다는 것입니다!

나의 생각들

이 장을 배우고 나서 떠오르는 것이 있다면 무엇이든 그것에 대한 당신의 느낌을 글로 써 보거나 그림으로 그려 봅니다. 다음은 당신이 답해 보면 좋을 몇 가지 질문입니다.

나 자신을 많이 책망하지 않으면서 스스로에게 더 친절해진다면 어떨까요?

나 자신에게 친절해지는 데 두려운 점이 있나요? 만약 그렇다면, 무엇이 그런가요?

그 외에 드는 생각이 있다면 무엇인가요?

맺음말

우리는 이제 막 자기연민의 모험을 시작했습니다! 자기연민은 정말로 모험입니다. 그것은 우리에게 미지의 영역으로 들어가는 새로운 문을 열어 줍니다. 흥미로울 뿐만 아니라 우리 자신을 바라보는 새로운 방식을 제공해 주지요. 또 우리 자신에 대해 훨씬 더 좋은 느낌을 가지게 해 줍니다. 자기연민은 우리가 괜찮을 때도, 기분이 가라앉고 자기비난적일 때에도 우리 자신에 대해 괜찮다고 느끼게 해 줍니다. 다음 장에서는 자기연민의 첫 번째 부분인 자기친절에 대해 더 자세히 살펴볼 예정입니다. 자, 준비됐나요? 이제 안전띠를 매고, 출발해 봅시다!

제2부

자기연민 발견하기

제3장

어떻게 하면 나 자신에게 친절해질 수 있을까

지금은 수학 시간, 선생님께서 지난주에 봤던 시험지를 채점해서 다시 나눠 주시고 있습니다. 당신의 손바닥에 땀이 나고 있네요. 시험을 잘 본 것 같지는 않지만, 그럼에도 불구하고 예상한 것보다는 성적이 잘 나왔다면 좋겠다고 생각을 하고 있군요. 어쩌면 이번 시험에 꽤 괜찮은 점수를 받았을지도 모르죠. 왜냐면 이번 학기 평균 점수가 괜찮았으니까요(뭐, 지난번보다 좀 더 잘 봤다고 해 두죠). 선생님께서 점점 당신의 책상 가까이 다가오시니 당신의 심장 박동은 더욱더 빨라집니다. 선생님께서는 그런 당신을 잠깐 바라보신 다음, 채점한 시험지를 책상에 엎어 놓고 가시네요. 본능적으로 시험지를 뒤집어 보는데…… 심장이 툭 하고 내려앉네요. 예상한 것보다 더 나쁜 점수가 나왔군요. 당신 자신을 정말 바보라고 느끼고 있어요. 가슴이 저 밑바닥까지 깊이 가라앉는 느낌과 함께, '넌 완전 똥멍청이야.'라는 말이 계속 머릿속을 맴돌며 멈출 줄 모르네요.

이번에는 당신이 지금 학교 점심시간에 식당에 앉아 누군가의 대화를 엿듣고 있다고 해 볼까요? 틀림없이 당신에게 데이트 신청을 할 줄 알았던 남자애가, 다른 여자애한테 학교 댄스파티에 함께 가자고 말하는군요. 명치를 한 대 세게 얻어맞은 느낌이네요. 방금 먹은 피자 조각을 삼키려고 해 보지만, 마치 목구멍에 걸린 것처럼 넘어가지 않고, 눈물이 나려는 걸 애써 참고 있어요. 당신 자신에게 이렇게 말하고 있죠. '더 잘 알아봤어야지. 쟤가 너한테 만나자고 할 일은 애초에 없었어. 넌 너무 못생겼잖아. 대체 왜 쟤가 너를 좋아한다고 생각한 거야? 등신 같으니라고. 진짜 노답이다 너.'

우리 모두는 이런 비슷한 시나리오에 직면해서 절망감을 느껴 본 적이 있습니다. 자기판단과 자기비난이라는 몹시 끔찍하고 지독한 감정을 함께 느끼면서 말이죠. 안타깝게도 상처받거나, 화가 나거나, 외로워지거나 슬퍼하는 일은 인간이기에 겪는 경험의 한 부분입니다. 그렇다면 이런 끔찍한 일이 일어날 때 당신은 무엇을 할 수 있을까요? 세상이 우리를 궁지로 몰아넣어, 마치 쥐구멍에라도 숨어서 몇백 년이든 다시 밖으로 나오고 싶지 않을 때, 우리는 과연 무엇을 할 수 있을까요?

무엇보다도 우선 당신이 알아두어야 할 것은, 이런 경험에 크게 상처받지 않도록 우리 자신을 도울 방법들이 있다는 겁니다. 지금부터 그 방법 중 두 가지를 알려 줄게요.

첫 번째 방법은 '위로의 손길'입니다. 간단히 말해, 당신의 손을 가슴에 올려 두거나, 뺨을 쓰다듬거나, 또는 당신을 위로할 수 있는 어떤 제스처를 해 보는 거예요. 포유류인 우리는 이렇게 하면 위로가 되도록 타고났기 때문에, 이 방법은 효과가 있습니다. 우리가 아기였을 때, 부모님은 우리를 달래기 위해 어르거나 요람을 흔들어 주셨지요. 모든 어미 포유동물이 새끼 동물을 달래는 것처럼요. 마찬가지로 우리 스스로에게 위로의 손길을 제공하거나 받게 될 때, 우리 몸에서 분비되는 호르몬인 옥시토신은 우리를 편안하게 이완시켜 줍니다. 그

래서 옥시토신은 '기분 좋은' 화학물질이라고 불립니다. 강아지나 고양이를 키우고 있다면, 반려동물을 쓰다듬을 때 어떻게 서로가 위로를 받는지 떠올려 보세요. 부드럽고 자상한 신체 접촉은 우리를 눈에 띄게 안정시켜 줍니다.

그럼, 이제부터 옥시토신을 만들어 내어 우리를 편안하게 해 주는 위로의 손길 몇 가지를 연습해 보도록 해요. 다음에 힘든 상황이 찾아올 때 활용해 볼 수 있도록 말이죠. 지금 이 방법을 연습해 두면, 어떤 손길이 당신에게 가장 잘 맞는지 미리 감을 잡을 수 있으니 나중에 필요할 때 바로 쓸 수 있을 거예요. 위로의 손길 하나만 활용해 볼 수도 있고, 다른 방법들과 함께 써 볼 수도 있어요. 위로의 손길을 하나씩 연습해 보면서 각각의 손길이 어떻게 느껴지는지 알아차려 보세요. 손길마다 5~10초가량 시간을 두고, 손길 하나하나가 어떤 느낌인지 알아차려 보면 가장 좋습니다. 한 가지 동작을 한 다음, 당신에게 느껴지는 위로의 크기에 따라 1점에서 10점 사이의 점수를 매겨 보세요. 1점은 '해도 그만 안 해도 그만'이고, 10점은 '아주 큰 위로를 받음' 정도라고 보면 됩니다. 다음 페이지에 나열된 위로의 손길 목록 오른쪽에 있는 빈칸에 점수를 표시해 보세요.

따라 해 보세요: 위로의 손길

1. 한 손을 가슴 위에 올려놓습니다. 잠시 그대로 있어 봅니다. 손의 가벼운 무게감과 가슴에서 느껴지는 따뜻한 온기를 함께 알아차려 보면서, 가슴이 보호받고 있다고 느껴지는지 봅니다. ________
2. 이번에는 두 손을 포개어 가슴 위에 올려놓습니다. 두 손 모두 가슴 위에 머무르게 합니다. 어떤 느낌인지 알아차려 보세요. ________
3. 또 한 손으로 볼을 부드럽게 쓰다듬어 봅니다. 그 느낌을 알아차려 보세요. ________
4. 이제 두 손으로 얼굴을 감싸고, 잠시 얼굴이 손에 감싸여 휴식하게 해 봅니다. 이 손길은 어떻게 느껴지나요? ________

5. 두 팔을 교차해서 당신의 몸을 살짝 안아 보세요. 한 손으로 다른 쪽 팔 윗부분을 부드럽게 쓰다듬어 볼 수도 있습니다. 이 느낌이 어떤지 알아차려 봅니다. ________
6. 두 손을 포개어 무릎에 올려놓으세요. 한 손으로 다른 손을 쓰다듬어 볼 수도 있습니다. 이것은 '휴대용' 손길이랍니다(말장난하려는 거 아님!). 당신이 무엇을 하는지 아무도 모르게 언제든 이 손길로 자신을 편안하게 해 줄 수 있다는 의미입니다. ________
7. 두 손으로 자신을 토닥여 보세요. 이 손길은 어떻게 느껴지나요? ________
8. 오른손으로 주먹을 쥐어 가슴 위에 올려놓으세요. 왼손으로 오른손 주먹을 감싸 보세요. 어떤 느낌인지 알아차려 보세요. ________

당신에게 특별히 위로를 주는 손길을 찾았나요? 찾았으면 여기에 적어 봅니다.

____

위로의 손길 실습은 어떤 느낌이었나요?

____

청소년들의 실습 소감

두 손을 포개어 가슴에 얹고 있을 때 마치 마음이 단단하게 닻을 내린 것만 같았어요. 정말 좋았어요. 뭔가 색다른 경험이었거든요. 좋더라고요. 정말 편안하고 위로가 되었어요.

위로의 손길 실습은 화가 나거나 슬플 때 해 볼 수도 있고, 지금부터 제가 가르쳐 드릴 두 번째 실습과 함께 해 볼 수도 있어요.

따라 해 보세요: 나를 위한 순간

이 실습의 이름을 '나를 위한 순간'이라고 지었습니다. 왜냐면 당신에게 가장 위로가 필요한 바로 그 순간, 당신이 당신 스스로를 위로할 수 있는 기회를 만들어 주기 때문입니다. 이 실습은 필요한 순간에 빠르게 해 볼 수도 있고, 명상 실습처럼 길게 늘여서 해 볼 수도 있습니다. 먼저, 명상 실습처럼 하는 방법입니다.

지금 당신의 삶에서 겪고 있는, 당신을 화나게 만드는 어떤 상황을 떠올려 봅니다. 이 실습이 처음이므로 너무 큰 상황이 아닌, 당신을 약간 불편하게 만드는 정도의 상황을 떠올리는 것이 좋습니다.

그 상황을 분명하게 떠올려 봅니다. 그때 누가 있었는지, 그 사람의 모습이 어떠했는지, 방이나 공간은 어떻게 생겼는지 마음으로 생생하게 그려 봅니다. 원한다면 그 상황에 대해 아래에 메모해 보거나 그림을 그려 볼 수도 있습니다.

다음의 세 단계를 천천히 실습합니다.

1. 당신 자신에게 이렇게 말해 보세요. '이건 힘든 순간이야.' 또는 이렇게 말해 볼 수도 있습니다. '이건 정말 별로야.' 정확히 어떤 단어를 쓰는가는 중요하지 않습니다. 중요한 점은 지금 이 순간, 이러한 특정 상황의 경험이 힘들다는 사실을 인정하는 것입니다. 당연해 보일지 모르지만, 종종 우리는 우리의 감정을 숨기기 때문에, 자신의 감정을 온전히 알아차린다는 것은 우리가 감정과 함께 작업하는 데 매우 큰 도움이 됩니다. 당신 자신에게 이런 말을 할 때, 어떤 느낌이 들었나요?

____

____

____

2. 이제 당신 자신에게 이렇게 말해 보세요. '이렇게 상처받는 건[화나는 건, 실망스러운 건, 또는 무엇이든] 삶의 일부야. 우리는 모두 때때로 이런 감정을 느끼고, 특히 10대를 지나는 동안 우리가 이 시기에 겪는 다양한 변화 때문에 다른 사람들보다 더 심하게 그런 감정들을 느껴. 청소년 시기를 보내는 건 힘든 일이야! 그리고 이 세상에서 이런 감정을 경험해 보지 않은 사람은 없어. 나는 혼자가 아니야.' 또는 자신에게 잘 맞는 비슷한 말을 해 볼 수도 있습니다.
여기에 당신이 한 말을 쓰고, 이 말을 하고 난 다음 어떻게 느꼈는지 적어 보세요. 당신이 무엇을 느끼든 정말로 괜찮다는 사실을 기억해 주시기 바랍니다. 이 실습에서는 옳은 감정도, 틀린 감정도 없으니까요.

____

____

____

3. 그리고 이제 앞의 실습에서 발견한 위로의 손길을 자신에게 보내 봅니다. 손을 가슴에 올려 두거나, 볼을 쓰다듬거나, 몸을 토닥여 볼 수 있습니다. 그리고 자신에게 이렇게 말해 보세요. '이 순간 내가 나 자신에게 친절하기를.' 또는 당신 자신에게 물어

보세요. '지금 당장 내 기분을 나아지게 해 줄, 내가 들어야 할 가장 필요한 말은 무엇일까?' 이런 말이 떠오르면 그것을 아래에 적어 보고, 그 말을 자신에게 반복해서 들려줄 때 어떻게 느껴지는지도 써 봅니다.

이제 다음의 말을 당신 자신에게 들려주세요. 예를 들어, 당신이 들어야 할 말이 "너는 여기에 속해 있어."라면, 당신 자신에게 '나는 여기에 속해 있어.'라고 들려주세요. 만약 당신이 정말 들어야 할 말이 "너는 사랑받고 있어."라면, 당신 자신에게 "나는 사랑받고 있어."라고 속삭여 주거나, "나는 너를 사랑해."라고 말해 줄 수도 있습니다. 처음에는 당신 자신에게 이렇게 말해 주는 것이 이상하게 느껴질 수도 있지만, 이런 약간의 어색한 시기를 지나고 나면 기분이 나아질 겁니다. 어쩌면 몇 가지 다른 문구가 당신에게 떠오를 수도 있습니다. 그 문구들을 여기에 한번 적어 보세요.

때때로 사람들은 자기 자신에게 들려주어야 할 말을 찾는 데 어려움을 겪습니다. 만약 당신이 그 경우에 속한다면 너무 걱정하지 마세요. 이건 꽤 흔한 일이랍니다. 그저 우리가 우리 자신을 친절하게 대해 주는 게 익숙하지 않기 때문입니다. 그렇다면 이렇게 한번 해 보세요. '만약 내 친구가 나와 같은 상황을 경험하고 있다면 무슨 말을 해 줄 수 있을까?'라고 당신 자신에게 질문해 봅니다. 예를 들어, 당신이 여동생에게 잘해 주지 못해서 동생이 정말 화를 내면서 울기 시작했고, 그로 인해 당신의 기분이 나빠진 상황이라고 가정해 보세요. 어쩌면 당신은 이런 상황에서 당신 자신의 기분을 나아지게 할 어떤 말도 생각해 낼 수 없을지 모릅니다. 그렇다면 동생에게 못되게 굴고 나서 기분이 좋지 않은 사람이 당신의 친구라고 상상해 보세요. 친구에게 뭐라고 말해 줄 건가요? 어쩌면 이렇게 말해 줄 수도 있습니다. "괜찮아, 사람이면 누구나 그럴 수 있어. 실수해도 괜찮아. 가서 동생을 안아 주고 미안하다고 하면 동생은 괜찮아질 거야."

당신과 똑같은 상황으로 힘들어하고 있는 친한 친구에게 해 줄 말을 적어 보세요.

이제, 이 말을 당신 자신에게 똑같이 들려주세요. 예를 들어, 여동생과의 문제 상황에서 당신은 자신에게 이렇게 말해 줄 수 있습니다. "괜찮아, 나도 사람이고, 모든 사람은 실수하는 걸! 나는 여전히 괜찮은 사람이고 좋은 언니(누나, 형, 오빠)야!" 당신은 자신에게 어떤 말을 해 주고 싶나요? 여기에 한번 적어 보세요. 적으면서 그런 친절한 말들 이면에 숨겨진 의미를 깊이 사유해 봅니다. 그저 한 사람의 인간으로서 당신은 이러한 친절을 받을 자격이 충분히 있습니다.

이 실습을 하고 난 다음, 기분이 어떠했나요? 자신에게 이런 친절한 말을 하는 것이 어땠나요?

힘든 상황으로 기분이 좋지 않을 때, 이 실습을 해 볼 수 있을까요? (동그라미로 표시해 주세요.)

확실히 할 수 있어요!! (　　)　절대로 못해요! (　　)　어쩌면요. (　　)

아직 생각 중이에요. (　　)　책에 있는 다른 연습을 좀 더 살펴볼래요. (　　)

청소년들의 실습 소감

정말로 스트레스를 받았을 때 '나를 위한 순간' 실습을 하고 있어요. 일단 멈추고 그 상황과 좀 거리를 두고 객관적으로 살펴보면서, 그렇게 큰일은 아니라고 저 자신에게 말해 줘요.

기분이 좋지 않을 때, '나를 위한 순간' 실습과 함께 위로의 손길을 해 보면 정말 위로받을 수 있을 거예요. 때로는 가슴에 손을 얹는 행동만으로도 우리의 마음이 보호받고 있으며 안전하다고 느낀다는 것을 알아차릴 수 있답니다. 그리고 고통이 거기에 있음을 인정하고, 이러한 고통은 우리 삶의 일부이자 우리 모두가 경험하는 것임을 떠올리면 조금은 안심이 될 거예요. 물론 고통 자체는 싹 내키는 건 아니지만, 고통이 당신의 잘못 때문도 아니고, 또 당신이 무언가를 잘못했다는 것을 의미하지도 않는다는 것을 아는 것만으로 도움이 될 거예요. 자신에게 친절한 말을 해 주는 것도 도움이 되고요. 적어도 우리가 나쁜 감정을 없애려 애쓰는 걸 멈추고(솔직히 터놓고 말해 보자면 효과가 없으니까요) 기분이 나빠진 우리 자신을 위로해 준다면, 고통은 조금이라도 줄어들게 됩니다.

나의 생각들

이 장에 대한 당신의 의견이나 반응에 대해 자유롭게 쓰거나 그림으로 표현해 보세요. 힘겨운 일을 겪을 때, 또는 어떤 식으로든 당신의 감정을 상하게 하거나 화나게 만드는 말을 들었을 때, '나를 위한 순간' 연습을 해 본다면 어떨까요? 상처받고 있는 그 순간에 당신 자신에게 친절해진다면 어떨 것 같나요?

맺음말

이번 장의 실습이 마음에 들었나요? 기분이 나빠지는 것을 알아차릴 때마다 실습을 해 보세요. 그리고 실습이 반드시 나쁜 감정을 없애 주지는 않는다는 것도 기억합니다. 우리가 감정을 없애려 하면 할수록, 오히려 나쁜 감정이 사라지는 건 불가능해진답니다. 이 실습은 우리가 상처받고 있을 때 상처받은 우리 자신에게 친절해지는 연습을 하는 것입니다. 마치 갓 태어난 병아리를 안아 주듯이, 애정, 따뜻함, 보살핌으로 우리의 여리고 멍든 마음을 부드럽게 안아 주는 것이랍니다.

다음 장에서는 자기비난에 멍든 마음을 치유하면서, 동시에 우리 자신과 다른 사람들에게 친절해지도록 도와주는 특별한 실습들을 해 볼 거예요. 수천 년 동안 이어져 내려온 수행법인데, 여전히 많은 사람이 실천하고 있죠! 그뿐만 아니라, 최신 연구에 따르면 이 실습은 우리의 회복탄력성을 길러 준다고 해요. 그래서 우리가 힘겨운 상황에 있을 때 더 잘 대처하게 해 주고, 어려움을 딛고 일어설 수 있게 해 준답니다.

제4장

가슴을 열고 친절 받아들이기

당신은 이미 어느 정도 자신에게 친절한 행위들을 하고 있을 거예요, 그렇죠? 우리가 제2장에서 이야기했던 목욕하기, 반려동물과 놀기, 음악 감상하기처럼 말이에요. 이 장에서는 한 걸음 더 나아가, 자기연민을 더욱 오랜 시간 지속시킬 수 있는 방법을 배워 볼 예정입니다. 그래서 항상 지니고 다니면서 가장 필요한 순간 그것을 꺼내 쓸 수 있도록 말이죠.

자, 시작해 볼까요? 제가 생각하기에 당신은 자기비판적인 순간이 꽤 많은 것 같군요(제가 수많은 청소년과 어른들을 가르쳐 보았거든요). 심지어 자신을 혐오스럽게 느끼는 순간들도 많죠. 아무도 당신을 좋아하지 않고, 당신이 완전히 외부인처럼 느껴질 때가 많이 있지요.

그럴 때 어떻게 마음을 바꿔 볼 수 있을까요?

이 장에서는 공식 수행(formal practice)을 배워 볼 거예요. '공식'이라는 단어는 우리가 이것을 연습하기 위해 매일 따로 시간을 내어야 한다는 것을 의미해요. '수행'이라는 말은 우리가 이것을 반복해서 연습해야 한다는 뜻이죠. 마치 축구 훈련을 하거나 피아노의 음계 연주를 하듯이 우리는 이것을 '수행'할 거에요. 이런 공식 수행은 매우 직접적인 방법으로, 우리 자신을 위한 친절을 기르게 해 줍니다. 그래서 우리가 괴로워하는 순간뿐만 아니라, 언제나 항상 친절을 우리 자신의 일부로 느끼게 만듭니다.

다음은 '자애수행'입니다. 사실, 이 수행은 수천 년 동안 이어져 내려온 아주 많이 오래된 수행법이에요. '친절 연습'이라고도 불리지요. 이 수행은 우리 자신과 다른 사람들에 대해 '친절한' 태도를 갖는 것입니다. 아주 기본적인 이야기처럼 들릴지 모르지만, 사실 우리는 종종 우리 자신에 대해 친절한 태도를 보이지 않아요, 맞죠? 우리는 때때로 우리 자신에게 상당히 엄격하잖아요.

이제 함께 실습해 보면서, 어떻게 진행되는지 살펴보도록 해요. 그런 다음, 여기에 대해 더 이야기해 봅시다.

따라 해 보세요: 좋아하는 사람을 위한 자애

1. 앉거나 누워서 편안한 자세를 취해 봅니다. 20분 정도 있을 수 있는 편안한 자세인지 살펴봅니다.

2. 이제 당신을 미소 짓게 하는 살아 있는 존재를 떠올려 보세요. 당신의 친구, 할아버지나 할머니, 좋아하는 선생님, 또는 당신의 고양이나 강아지처럼 떠올렸을 때 기분이 좋아지는 어떤 살아 있는 존재도 좋습니다.

3. 이 존재는 모든 살아 있는 존재가 그렇듯이 행복을 바라고 있습니다. 이 존재를 향해 다음의 문구를 조용히 반복하면서, 그 문구들 이면에 담긴 느낌들과 연결될 수 있는지 봅니다. 단순히 문구만을 반복하는 것이 아니라 그 말들과 연결된 느낌을 느껴 보도록 합니다. 문구에 담긴 의미를 진정으로 느낄 수 있도록 천천히 반복해 보세요. 서두르지 않고 천천히 해 봅니다. 여러 번 반복할 수 있습니다.

   당신이 행복하기를. (행복하다는 것이 어떤 느낌일지 떠올려 보세요.)

당신이 사랑받고 있음을 느끼기를. (사랑받는다는 건 어떤 느낌일까요? 있는 그대로 사랑받는다는 건 어떤 느낌일까요?)

당신을 있는 그대로 받아들이기를.

4. 이 존재에 대한 행복, 사랑, 자기수용에 대한 바람이 진정으로 느껴질 때까지 이 말들을 계속해서 반복하세요.

5. 이제 당신의 마음속에서, 이 존재를 둘러싸고 있는 원을 넓혀 그 안에 당신 자신도 포함시킨다고 상상해 봅니다. 다시 말해서, 당신은 지금 당신을 미소 짓게 만드는 그 존재와 함께하고 있는 자신의 모습을 상상하고 있습니다. 천천히 당신과 그 존재를 위한 다음의 문구를 반복해 보세요. 단어에 담긴 의미와 감각을 느낄 수 있도록, 서두르지 않고 천천히 하는 것을 잊지 마세요.

(행복하다는 느낌을 떠올리며) 우리 둘 모두 행복하기를.

(온전하고 완전하게 사랑받는다는 느낌을 떠올리며) 우리 둘 모두 사랑받고 있음을 느끼기를.

우리 둘 모두 있는 그대로 자신을 받아들일 수 있기를. (이것은 단지 당신 자신을 있는 그대로 받아들이는 연습의 시작일 뿐이며, 미래에 언젠가는 당신이 있는 그대로의 자신을 받아들일 수 있다는 가능성을 열어 두는 것입니다.)

6. 이제, 당신을 미소 짓게 하는 그 존재의 이미지를 내려놓으면서 그 이미지가 마음속 배경으로 부드럽게 사라지게 해 봅니다. 이제 당신의 마음속에는 오직 당신 자신의 이미지, 현재 당신의 모습만 있습니다. 이제 아주 천천히, 그저 당신 자신을 위해 다음의 문구들을 반복해 보세요. 어쩌면 당신은 한 문구에 중점을 두고서 행복하고, 사랑받고, 있는 그대로의 자신을 받아들이는 것이 어떤 느낌인지 알기 위해서 여유 있게 그 문구만을 반복하고 싶을 수 있습니다. 충분한 시간을 갖고서 실습해 봅니다. 빨리 끝내기 대회가 아니라는 것을 기억하시기 바랍니다.

내가 행복하기를.

내가 사랑받기를.

내가 나 자신을 있는 그대로 받아들이기를. (그저 이러한 가능성을 열어 둡니다.)

자, 어떤 마음이 들었나요? 이렇게 물어봐야 할지도 모르겠네요. 무엇을 느꼈나요? 당신을 미소 짓게 하는 누군가를 위해 이 문구를 반복하는 동안, 좋은 기분이 들었나요? 당신 자신에게 이 문구를 말해 주는 건 조금 이상하게 느껴졌나요? 아니면 실습 전체가 모두 좋았나요?

중요한 건 여기에는 정답도, 오답도 없다는 거예요. 당신이 느끼는 것이 무엇이든 완벽하게 옳답니다. 당신이 느끼는 것이 무엇이든, 그것을 느낄 수 있도록 허용해 주는 것이 도움이 됩니다. 만약 당신의 몸 어딘가에서 감정을 발견할 수 있다면, 그저 감정이 느껴지는 곳의 신체 감각을 알아차려 봅니다. 그리고 그 감각이 그냥 거기에 있도록 놓아두세요.

실습하면서 몸에서 무언가를 느꼈다면, 여기에 적어 보세요.

____

____

이제 실습에 대해 각 부분별로 나누어서 이야기해 봅시다.

첫 번째 부분: 당신을 미소 짓게 하는 존재에 대해 문구를 반복했을 때, 어땠나요?

____

____

두 번째 부분: 당신을 미소 짓게 하는 존재와 함께 당신 자신을 포함했을 때, 어땠나요?

____

____

세 번째 부분: 당신 자신만을 위해 문구를 반복했을 때에는 어땠나요?

여기에는 정답도, 오답도 없다는 것을 기억해 주세요. 당신이 느끼는 것이 무엇이든 완전히 괜찮답니다.

당신 자신만을 위한 문구를 반복하는 게 조금 더 힘들게 느껴졌나요?

이게 바로 우리가 우리 자신에게 친절하면 이기적인 거라는 말도 안 되는 생각을 가지고 자랐다는 증거입니다. 심지어 우리 자신에게 친절한 것이 다른 사람들에게 친절할 수 없다는 것을 의미하지 않는다는 걸 알면서도 말이죠! 게다가 우리의 문화와 대중 매체는 우리가 지금 상태로는 충분치 않고, '받아들여지기 위해' 수백만 개의 제품을 사들여야만 한다고 부추기죠. 그 결과, 우리 대부분이 행복하고, 사랑받고, 안전해질 자격이 없다고 느낍니다. 만약 이게 당신의 이야기라면, 걱정하지 마세요. 지금 이 순간에도 정말 많은 사람이, 특히 많은 청소년이 이렇게 느끼니까요. 사실, 세상에는 자신에 대해 좋게 느끼지 않는 사람들이 아주 많아요. 실은 그게 제가 이 책을 쓴 이유이기도 하고요. 또한 이게 바로 우리가 "내가 나 자신을 있는 그대로 받아들일 가능성을 열어 두기 시작하기를"과 같은 문구를 말하는 이유이기도 하지요.

아, 잠시만요. 이 문구는 아까 말하지 않았죠? 맞아요. 다음 내용으로 옮겨 가서 설명해 볼게요. 앞의 실습에서 나온 문구가 당신에게 깊은 의미로 와닿지 않는다면, 자신에게 맞게 문구를 바꿔 볼 수도 있어요. 이렇게 해 보세요.

따라 해 보세요: 나에게 맞는 문구 발견하기

당신 자신에게 이렇게 물어보세요. '만일 들을 수만 있다면, 나는 앞으로 살아가면서 매일 어떤 말을 듣고 싶지? 내가 들었을 때 가치 있고, 감사하고, 귀하고, 소중하다고 느끼게 해 줄 말, 그래서 매번 들을 때마다 정말 감사하고 행복한 말은 무엇일까? 만약 그런 일이 내게 일어날 수 있다면, 매일 어떤 말을 내 귀에 속삭여 주면 좋을까?' 어쩌면 "너는 사랑받고 있어." 또는 "너는 여기에 속해 있어." 같은 말일 수 있어요. 또는 다른 말일 수 있고요. 원한다면 다음과 같은 말이나 단어를 사용할 수도 있습니다.

너 자신을 받아들여.

나 자신에게 감사해.

나는 소속되어 있다는 걸 알아.

평온

나는 너를 아끼고 있어.

나는 너와 함께 있어.

너는 중요한 사람이야.

행복

건강

너 자신을 존중하렴.

친절

네가 사랑받고 있다는 걸 알아.

평화로운

안전

자기연민을 기억해.

지지

원한다면 여기에 당신에게 와닿는 문구나 단어를 적어 보세요.

이제 이 문구를 바람으로 만들어 보세요. 예를 들어, “너는 사랑받고 있어.”는 “내가 사랑받는다고 느끼기를.”로, “너는 여기에 속해 있어.”는 “내가 여기에 속해 있다고 느끼기를.”로 바꿀 수 있습니다.

당신의 ‘바람’을 담은 문구를 여기에 적어 보세요. 문구는 최소한 두 개 내지 네 개 이하로 만드는 것이 좋습니다(그래야 기억하기 쉬우니까요).

이런 식으로 느껴 보는 실습에 우리는 그저 ‘열려 있는’ 상태면 충분하다는 것을 기억하세요. 우리 자신에게 친절하며 자신을 사랑하는 일이 편안해지기까지는 종종 시간이 걸리고, 변화는 때때로 자신이 알아차리지 못할 정도로 조금씩 일어나거든요. 어느 날 문득 돌아보면 당신 자신에게 예전만큼 엄격하지는 않다는 것을 깨닫게 되는 거죠. 그리고 당신 자신을 더 많이 좋아하게 되는 거죠. 누군가가 별로 좋지 않은 말을 해도, 그다지 화가 나지 않고, 사실은 그게 그 사람의 문제라는 것을 알게 돼요.

그러니 당신 자신에게 친절해지는 법을 배우는 데 시간을 들이세요. 그리고 느리게 천천히 배워 가는 게 정말 괜찮다는 것을 기억하세요! 여기는 학교가 아니니까요! 그리고 비록 당신에게 이 실습을 할 시간이 많지 않아서 매일 조금씩만 연습한다고 해도 도움이 될 거예요. 5분 정도는 해 볼 수 있잖아요, 그렇죠? 매일 하루에 5~10분씩 연습하면 그 시간은 갈수록 점점 쌓이게 될 테니까요!

청소년들의 실습 소감

저는 명상하는 걸 특히 좋아해요. 명상이 정말 도움이 된다는 걸 알게 됐거든요. 명상은 쳇바퀴 같은 생활에서 생기는 모든 스트레스로부터 조금이라도 쉬게 해 줘요.

다음은 당신 자신을 위한 친절을 키울 수 있도록, 공식적으로 자애를 실습하는 데 필요한 몇 가지 조언입니다. 이것은 이 책의 다른 모든 공식적인 실습들에도 적용해 볼 수 있습니다.

1. 무엇보다 중요한 것은, 이 실습을 통해 당신 자신에게 친절해지는 방법을 배우게 된다는 것을 기억하는 것입니다. 당신에게는 충분히 친절, 돌봄, 사랑을 받을 자격이 있음을 기억합니다. 이건 숙제나 집안일 같은 게 아닙니다! 그저 자신에 대한 사랑을 만들어 내고 기억하는 시간입니다.
2. 매일 같은 시간을 정해 두고 실습하세요. 마치 양치질을 하거나 옷을 갈아입는 것처럼 일상의 한 부분이 되게 합니다. 5분으로 시작해서 20분 정도까지 점차 시간을 늘려 가며 실습해 보세요.
3. 침실 모퉁이나 침대, 또는 좋아하는 의자처럼 매일 같은 장소에서 실습해 보세요. 그 공간은 특별한 '실습' 장소가 될 거예요.
4. 실습을 떠올릴 수 있도록, 휴대폰 알람을 맞춰 둡니다.

선생님의 경험 나누기

자애수행으로 유명한 샤론 샐즈버그(Sharon Salzberg) 선생님이 처음 자애수행을 배웠을 때의 이야기랍니다. 샤론 선생님은 안거, 즉 자애수행을 매일 8시간 이상 집중적으로 하는 중이었지요(농담이 아니에요!). 일주일 정도 지났지만, 선생님은 아무 일도 '일어났다'고 느끼지 못했어요. 그리고 어떤 이유로 안거를 중단하고 일상으로 돌아와야 했죠. 숙소에서 떠날 준비를 하다가 꽃병을 넘어뜨렸고, 꽃병은 바닥에 부딪혀 산산조각이 났어요. 샤론 선생님의 마음속에 떠오른 첫 말은 '야! 이 덜렁아!'였어요. 그다음 떠오른 두 번째 문구는 '그렇지만 어쨌든 난 너를 사랑해!'였답니다. 선생님은 두 번째 문구인 '그렇지만 어쨌든 난 너를 사랑해!'가 자애수행을 하지 않았더라면 결코 떠오르지 않았을 거라고 말했어요.

나의 생각들

이 장에 대한 당신의 의견이나 반응에 대해 자유롭게 글로 쓰거나 그림으로 그려 보기 위해 시간을 가져 보세요. 예를 들어, 만약 당신이 자신에게 매일 자애 문구를 들려주며 시간을 보낸다면 어떨 것 같나요? 이 실습이 하루 동안 당신의 기분을 어떻게 바꿔 줄 것 같나요?

맺음말

우리 자신에게 친절해지는 방법을 배우기 위해서는 시간이 필요합니다. 하룻밤 사이에 일어나지는 않지만, 꾸준히 연습한다면 결국 그렇게 될 것입니다. 제 짐작으로는, 우리 대부분이 그렇듯 당신도 자신에게 엄격하게 대하는 데 많은 시간을 써 왔을 거예요. 그러니까 그 상태를 뒤집어서 자신에게 친절해지는 데에는 시간이 걸릴지도 몰라요. 하지만 자신만의 자애 문구를 만들어 자애수행을 하는 것이 도움이 될 거예요. 그리고 다음 장에서 자세히 살펴볼 마음챙김 수행 또한 도움이 됩니다. 마음챙김 수행을 하게 되면 우리가 매 순간 경험하는 것이 무엇이든 밀어내거나 바꾸려고 하는 대신, 그 경험에 머무를 수 있도록 해 줍니다. 자, 그럼 마음챙김에 대해 배워 볼 준비가 되었나요? 다음 장을 확인해 보세요!

제5장

마음챙김, 자동조종 그리고 멈추는 법 배우기

혹시 방에 들어가서는 내가 왜 방에 들어온 건지 의아했던 적이 있나요? 아니면 학교까지 차를 타고 가거나 자전거를 몰고 간 다음, 어떻게 차나 자전거를 타고 온 건지 기억이 나지 않았던 적은요? 만일 우리가 이런 '자동조종' 상태로 움직였다면, 마음챙김 상태가 아닌 것입니다.

마음챙김이란 호기심을 가지고 매 순간에 주의를 기울이는 것입니다. 매 순간 우리 몸의 감각이나 느낌, 생각이 올라오는 것을 그냥 있는 그대로 알아차리는 것이 바로 마음챙김입니다. 우리에게 필요한 연민을 우리 자신에게 베풀기 위해서는 그전에 우리가 어떻게 느끼고 있는지 알아차려야 하기 때문에, 자기연민 실습에서 마음챙김은 특히 중요하답니다.

자, 마음챙김에 대해 말로 설명하는 건 이 정도면 충분한 것 같으니, 지금부터는 마음챙김을 실제로 경험해 봅시다!

따라 해 보세요: 소리에 귀 기울이기

지금 바로 1분 정도 소리에 주의를 기울여 보세요. 휴대폰 알람이나 스톱워치를 설정할 수 있다면 1분으로 미리 맞춰 둡니다. 아주 가까운 곳에서부터 저 멀리까지, 주위의 소리에 귀를 기울여 봅니다.

..................................귀를 기울이고.......................그저 들어 봅니다.........................

무엇을 알아차렸나요?

____

____

주의를 기울이라는 특별한 안내를 받지 않았던 평소에 비해, 이 실습에서 더 많은 것을 들을 수 있었나요?

____

____

마음챙김에서는 주의를 기울이도록 강조한답니다. 주의(attention)를 기울이려는 의도(intention)를 갖는 것이지요.

혹시 소리에 귀를 기울이는 동안, 마음이 떠도는 것을 알아차렸나요? 아니면 생각들이 일어나는 것을 알아차렸나요? 만일 그랬다면, 그건 완전히 자연스러운 현상입니다. 그게 바로 마음이 작동하는 방식이거든요.

자동조종 상태일 때, 어떻게 한 장소에서 다른 장소로 옮겨 왔는지 기억하지 못했던 때를 떠올려 볼 수 있나요? 이런 상태 또한 마음이 떠도는 순간에 일어난답니다.

그렇다면 우리의 마음은 왜 이렇게 떠도는 걸까요? 그리고 우리의 마음이 방황할 때 무슨 일이 일어나는 걸까요?

답은 바로, 우리는 우리 자신을 안전하게 지키기 위해 그렇게 프로그래밍되어 있다는 거예요. 진화론적 관점에서 볼 때 우리 인간 종족이 계속해서 이어지기 위해서는 자신의 안전을 지키고 살아남는 일이 가장 중요했습니다. 이러한 행동방식은 선사시대로 거슬러 올라가 보면, 우리 조상들이 숲에서 사냥할 때 자신을 해칠 수 있는 모든 것에 끊임없이 조심해야 했다는 것을 의미합니다. 주로 그 대상은 포식동물들이었죠.

오늘날 우리를 해치는 것들, 즉 우리가 조심하는 것들은 일반적으로 신체적인 위협이 아닌 정신적인 것들이에요. 예를 들면, 우리의 감정을 상하게 만드는 사람들 같은 거죠. 그러니 어떻겠어요? 여전히 우리에게 상처 줄 수 있는 것들로부터 조심해야 하기 때문에 끊임없이 경계하면서 잠재적인 문제는 없는지 주시하게 되는 거지요. 그러다 우리에게 해를 끼칠 것이라고 생각되는 무언가를 발견하면, 우리는 투쟁 또는 도피(fight or flight)라고 하는 상태로 들어가게 됩니다.

투쟁 또는 도피 상태란

투쟁 또는 도피 상태일 때, 우리의 몸은 다음과 같이 반응한답니다.

- 우리가 무언가를 위험한 것으로 감지하면 → 우리 뇌로 메시지가 (호르몬 형태로) 보내지고 → 여기에서 다시 우리 뇌 바닥 부위에 있는 뇌하수체로 메시지를 (또 다른 호르몬의 형태로) 보내고 → 뇌하수체에서 부신으로 메시지를 (그래요, 또 다른 호르몬의 형태로) 보내면 → 더 많은 호르몬이 분비되어 우리 몸이 싸우거나 도망칠 준비를 하게 합니다.
- 혈액은 우리가 도망가거나 싸울 수 있도록 지금 당장은 필요가 없는(우선순위가 아니니까요!) 우리의 소화 시스템을 우회해서 팔과 다리로 집중됩니다. 이때 우리가 위장의 '울렁거리는 느낌'을 받는 이유가 바로 이거지요.

- 그리고 더 많은 것을 볼 수 있도록 동공이 확장됩니다.
- 팔과 다리로 더 많은 혈액을 보내기 위해, 심장은 더 빨리 뛰기 시작합니다(이때 심장이 쿵쾅대는 느낌을 받습니다).
- 이러한 모든 과정이 진행되는 동안 우리 몸을 시원하게 유지하기 위해 많은 땀을 흘리기도 합니다.

이때, 그러한 위협이 진짜인지, 아니면 진짜라고 착각하는지는 중요하지 않습니다. 우리 몸은 두 경우 모두 똑같이 반응하거든요. 다음은 저에게 실제로 일어났던 우스운 이야기랍니다.

선생님의 우스웠던 경험 나누기(제 이야기랍니다!)

체육관에서 운동용 자전거를 타고 있었어요. 그 자전거 앞쪽에는 스크린이 설치되어 있었는데, 달리고 싶은 가상의 지형을 선택할 수 있었어요. 그리고 '제 자전거'가 움직이는 이미지도 함께 나왔어요. 속도와 자전거를 탈 때 지루하지 않게 해 줄 다양한 재미있는 요소들도 표시되었죠. 어쨌든 그날은 '알프스의 산비탈' 모드를 타고 있었어요. 왼편에는 눈 덮인 산봉우리가, 오른편에는 깎아내린 듯한 낭떠러지가 펼쳐져 있었고, 저는 바람 부는 산길을 '달리고' 있었죠. 그때 잠시 정신을 놓았다가 다시 화면을 쳐다봤는데, 이미 도로를 벗어나 1.5km만 더 가면 죽을 수도 있는 상황이었어요! 그래서 저는 잠시 동안 제가 눈 덮인 산봉우리나 절벽이 아닌 안전한 체육관에서 고정된 자전거를 타고 있다는 사실을 기억해야 했어요. 그럼에도 불구하고 제 심장은 쿵쾅거리고, 맥박은 엄청 뛰고, 아주 잠깐이었지만 정말 무서웠어요. 어휴, 그러고 나서는 한참을 크게 웃었답니다.

그러니까 위협이 실제이건 아니건 간에, 우리는 완전한 투쟁 또는 도피 상태로 들어갈 수 있다는 것이지요. 이것은 무엇을 의미할까요?

우리는 최악의 상황에 대비할 수 있도록 미리 자신을 해칠 수 있는 일(시험에 떨어짐, 다른 사람 앞에서 바보 같은 행동을 함)에 대해 걱정하는 경향이 있어요. 덕분에 방심하지 않게 되죠. 이것을 부정적 편향(negativity bias)이라고 합니다. 우리는 긍정적인 면보다 부정적인 면을 더 많이 보는 경향이 있는 거죠. 이러한 부정적 편향이 있기 때문에 우리는 대상이나 상황을 있는 그대로 명확하게 보기 위한 추가적인 노력을 해야 하는데, 마음챙김이 여기에 도움이 됩니다.

마음챙김이란 지금 이 순간 우리에게 일어나고 있는 일들로 우리의 주의를 가져와서, 우리가 느끼고 있는 것에 대해 호기심과 흥미를 가지고 알아차리는 것이니까요. 따라서 마음챙김을 하면 우리가 두려워하는 일들이 아니라 실제로 일어나고 있는 일들로 주의를 가져와서 우리의 부정적 편향이 가진 경향성에 대응하도록 도움을 준답니다.

그리고 지금부터는 몇 가지 충격적인 사실을 전할 텐데요, 부디 마음의 준비를 해 주세요.

우리가 생각하고 있을 때, 우리가 생각하는 것은 절대적으로, 분명히 진실인 것처럼 느껴지지요, 그렇죠? 그런데 그거 아세요? 우리의 생각은 사실이 아니에요!

이것이 진실이에요. 우리의 생각, 즉 우리 마음속에 떠올라 머리를 스쳐 가는 것들은 사실이 아니에요. 우리가 그것들을 생각할 때에는 확실히 사실처럼 느껴진다는 걸 저도 잘 알지만, 실제로는 그렇지 않답니다. 그것들은 우리의 부정적 편향과 두려움에 의해 이끌려 우리에게 다가오곤 하지요. 예를 들면, 당신이 어젯밤 파티에서 '그렇게 엄청나게 멍청한 말들을 지껄이다니, 나는 정말 똥멍청이야.'라는 자기비난적인 생각을 했다고 해서 당신이 실제로 똥멍청이라는 말은 아니잖아요. 아마 이런 생각의 밑바탕에는 다른 사람 앞에서 바보 같아 보이는 것에 대한 두려움이 깔려 있을 거예요. 그리고 당신의 부정적 편향이 나타난 결과라고 볼 수도 있고요. 왜 그럴까요? 왜냐하면 당신은 당신을 똥멍청이라고 생각하는 사람들로부터 자신이 상처받지 않도록 마음속 깊은 곳에서 보호하고 싶기 때문이에요. 이해가 되나요?

제 생각에 사람들은 당신이 한 말에 대해서 그렇게 많은 생각을 하지 않아요. 그 사람들도 '자신들이' 했던 말을 걱정하느라 바쁘거든요! 어쨌든, 똥멍청이가 되어 가는 것 같다거나 사람들이 당신을 똥멍청이라고 여기는 것 같다는 그런 생각들은 단지 당신의 마음에 스치는 생각일 뿐이라는 거죠. 전혀 사실이 아니에요! 사실, 어떤 사람들은 생각이라는 걸 단지 '정신적 분비물'(윽!)이라고 해요.

마음챙김은 우리가 실체를 보고, 정말로 지금 여기에 무엇이 있는지 확인하도록 도와줘요. 멈추는 법을 배우고, 그런 다음 당신을 화나게 만드는 상황이 일어났을 때, 대응적으로 반응하기 전에 두세 번 숨을 고른 다음, 신체 감각들을 알아차리게 해 주죠. 또 두려움이 몰고 온 부정적 편향의 생각들이 떠오르는 것을 알아차리게 해 주고요. 마치 떠다니는 구름을 보듯이 그러한 생각들이 사라지는 것을 지켜보게 하죠.

우리가 마음챙김 수행을 할 때처럼, 우리 마음을 계속 현재로 되돌려 가져오면 투쟁 또는 도피 반응으로 빠지는 걸 피할 수 있어요. 현재에 머무르며, 그 상황에서 무슨 일이 일어나는지 볼 수 있게 되지요. 예를 들어 볼까요? 모든 사람이 뚫어져라 쳐다보며 '쟤 엄청 못생겼다.'라고 생각하게 만드는 얼굴에 난 거대하고 역겨운 괴물 같은 여드름은, 실제로는 그냥 얼굴에 있는 여드름일 뿐이에요. 약간 오돌토돌한 분홍빛 자국. 그뿐이에요. 그리고 혹시 알고 있나요? 게다가 대부분은 당신의 여드름을 알아차리지도 못한다는 걸요. 그렇다고 오해하지는 마세요. 사실, 투쟁 또는 도피 반응은 우리가 실제로 필요로 할 때에는 굉장히 도움이 되는 반응이거든요. 다만, 우리의 일상적인 걱정에는 투쟁 또는 도피 반응이 역효과를 낼 정도로 너무 과할 뿐이죠. 달리 말하자면, 여드름은 그냥…… 뭐, 여드름인 거예요.

또 마음챙김 수행은 우리가 당황하지 않고 투쟁 또는 도피 반응의 길로 빠져들지 않도록 도와줘요. 지금 이 순간 실제로 일어나고 있는 상황에 머무를 수 있도록 도와준답니다.

마음챙김을 연습하는 한 가지 간단한 방법은 이것을 기억하는 거예요. 신체 감각은 우리를 현재의 순간으로 이끈다는 것이지요. 당신이 신체 감각에 주의를 기울일 때, 당신은 지금 이 순간에 있게 됩니다. 그리고 이거 아나요? 당신의 불안이나 걱정은 지금 이 순간 속에서는 존재할 수가 없다는 걸요.

마음챙김 명상 지도자인 존 트래비스(John Travis) 선생님은 "당신의 마음을 다른 곳이 아닌 당신의 몸 안에 두세요."라고 말해요.

다음은 당신의 마음을 몸 안에 두는 데 도움을 주는 두 가지 실습입니다. 특히 시험이나 방금 했던 운동 경기, 또는 친구들과 겪은 일로 인해서 자신이 부적절하다고 느껴지거나 자신을 비난하려 할 때 도움이 될 거예요.

따라 해 보세요: 발바닥 느끼기

이 실습은 마음챙김을 연구하는 니르바이 싱(Nirbhay Singh) 박사님의 작업을 참고하여 만들었습니다.

전체 실습을 마치는 데는 최소 5분 정도의 시간이 걸립니다. 실습을 천천히 진행하면서 무슨 일이 일어나고 있는지 알아차릴 수 있도록 합니다. 이 실습은 신발을 벗고 하면 가장 좋습니다.

1. 자리에서 일어서서 바닥에 닿아 있는 발바닥의 느낌을 알아차려 보세요. 발가락, 발뒤꿈치, 발 중간의 오목한 부분 등 바닥에 닿아 있는 발바닥 전체의 느낌을 알아차려 봅니다.

2. 발바닥의 감각이 어떤가요? 방바닥이 딱딱하게 느껴지나요, 아니면 푹신하게 느껴지나요? 발의 느낌은 차가운가요, 아니면 따뜻한가요?

3. 이제 아주 천천히, 몸을 앞으로 조금만 기울여 봅니다. 이 움직임이 발바닥 감각을 어떻게 바꾸나요? 감각의 변화를 알아차리기 위해 충분한 시간을 가져 봅니다.

4. 이번에는 아주 천천히, 몸을 아주 조금만 2~3cm 정도 뒤로 기울여 봅니다. 발바닥에서 뭔가 다른 변화가 일어나는 것을 알아차릴 수 있나요?

5. 이 동작들을 몇 번 반복하면서, 몸을 앞뒤로 천천히 조금씩 흔들어 봅니다. 발바닥에서 무슨 일이 일어나고 있나요?

6. 이제 몸을 조금만 오른쪽으로 기울여 봅니다. 다시 한번, 발바닥 감각이 어떻게 달라지는지 알아차려 봅니다.

7. 그리고 이제 몸을 왼쪽으로 조금만 기울여 봅니다. 발바닥에서 어떤 변화가 일어나고 있나요?

8. 이 동작을 천천히 부드럽게 몇 번 반복해 봅니다. 몸을 양옆으로 그리고 앞뒤로 기울여 봅니다. 발바닥에서 무슨 일이 일어나고 있나요?

9. 이제 무릎으로 작은 원을 그리듯이 움직이면서, 발바닥의 감각이 어떻게 달라지는지 느껴 봅니다.

10. 다시 중심을 잡고 서서, 계속 발바닥에 주의를 기울여 봅니다.

11. 작은 발의 표면으로 몸 전체를 지탱한다는 것이 얼마나 놀라운 일인지 잠시 시간을 가지고 알아차려 봅니다. 정말 대단하지 않나요? 그리고 잠시 우리의 발이 온종일 열심히 하는 수고에 감사하는 순간을 가져 봅니다.

이 실습을 할 때, 어떤 점이 당신의 눈에 띄었나요?

발바닥의 감각에 주의를 기울일 때, 슬픔, 분노, 상처받는 느낌 같은 부정적인 감정을 느꼈나요?

일상에서 종종 서 있게 되는 순간에, 이 실습을 연습해 볼 수 있을까요? (기분이 나빠지기 시작할 때 특히 도움이 된답니다.)

우리가 이 실습에서 했던 것처럼 신체적 감각에 주의를 기울이면 우리의 주의는 현재에 머물게 됩니다. 듣고, 맛보고, 냄새 맡고, 만지고, 보는 감각들을 현재로 향하게 하는 문으로 여겨 보세요. 우리가 이 문들을 통과할 때, 우리는 머릿속에 머물러 있지 않게 됩니다. 즉, 생각에 얽매이지 않고 생각을 '놓아 버리게' 된답니다.

두 번째로 해 볼 마음챙김 실습은 발바닥 느끼기 실습을 변형시킨 거예요. 발바닥에 주의를 기울이는 대신, 물체를 느끼는 데 주의를 기울여 볼 겁니다. 이 실습을 많은 10대 친구들이 좋아한답니다.

따라 해 보세요: 지금-여기 돌멩이

이 실습에서는 보통 광택이 나는 작은 돌을 사용하지만, 어떤 돌이라도 괜찮습니다. 실제로 이 실습을 했던 청소년 친구들은 꼭 돌멩이가 필요하지는 않다고 합니다. 실습이 필요한 순간에 돌멩이를 가지고 있지 않을 때는 팔찌, 반지, 펜, 연필 등 근처에 있던 물건으로 연습을 했다고 해요. 그러니 만일 광택이 나는 작은 돌이 없다면, 손바닥에 들어올 정도의 다른 사물을 골라서 해도 좋습니다.

1. 돌멩이를 주의 깊게 살펴보세요. 돌멩이의 색깔, 변화하는 빛깔, 표면의 선이나 무늬를 모두 알아차려 보세요. 돌멩이가 빛을 반사시키는지, 그렇지 않은지도 알아차려 보세요.

2. 이제 돌멩이의 모양과 촉감을 알아차려 보세요. 부드러운가요? 거친가요? 부드럽기도 하고 거칠기도 하나요? 이 실습을 위해 눈을 감는 것이 도움이 되기도 합니다. 그러면 더 쉽게 느낌에 접촉할 수 있으니까요.

3. 만지면 차가운가요, 따뜻한가요?

4. 냄새가 있나요? 만약 있다면, 어떤 냄새인가요? 좋은 냄새인가요, 아니면 불쾌한 냄새인가요?

5. 충분히 시간을 가지고 당신의 돌멩이를 경험해 보세요. 비슷한 돌무더기 틈에 묻혀 있더라도 단박에 찾을 수 있을 만큼, 당신이 가진 돌멩이의 특징에 익숙해져 보세요.

돌멩이를 살펴보는 동안, 어떤 생각들이 머릿속을 스치고 지나갔나요?

기분 나쁜 생각이 들었나요? (동그라미로 표시해 주세요.)

예　　　　아니요　　　　기억이 안 나요!

신체 감각은 현재로 향하는 문이라는 걸 기억해 주세요. 돌멩이의 감촉, 냄새, 겉모양 같은 것들에 집중할 때, 골치 아픈 생각들을 내려놓기가 더 쉬워진답니다.

청소년들의 실습 소감

- 저는 지금-여기 돌멩이 실습이 정말 좋았어요. 특히 조기 졸업 시험을 보는 날 돌멩이를 가져갔는데, 완전 효과가 어마어마했거든요. 정말 도움이 많이 되었어요.
- 지금-여기 돌멩이 실습이 마음에 들어요. 실제 돌을 가지고 하지 않더라도, 다른 것들로도 실습이 가능하죠. 제 손을 갖고도 연습할 수 있잖아요. 뭐, 좀 이상하긴 하지만…… 그래도요.
- 저는 학교에서 이거 맨날 연습해요. 이동 수업하러 걸어가는 것조차 스트레스로 다가올 때면, 그냥 한 가지 특정 물건에 주의를 기울여 봐요. 심지어 그건 나무가 될 수도 있고 벽이 될 수도 있죠. 스트레스가 되는 일들에서 주의를 분산시켜 그것에 집중하면 재미있어요.

곱씹고, 곱씹고 또 곱씹고……

앞에서 당신에게 안내했던 실습은 또한 미래에 발생할 수 있는 일을 걱정하거나 과거에 이미 일어났던 일, 그러니까 우리가 어떤 식으로도 바꿀 수 없는 일들에 대해 고민하며 시간을 보내지 않도록 도와줘요. 이렇게 곱씹는 행동을 반추(ruminating)라고 합니다.

반추는 소의 되새김질을 묘사하는 단어이기도 해요. 소는 여물을 계속해서 씹고 또 씹죠. 이런 모습이 마치 우리가 같은 생각을 계속해서 하는 것과 비슷하죠. 대개 '나는 너무 못생겼어! 나는 절대 남친을 못 사귈 거야! 난 정말 바보야! 난 절대 대학에 들어가지 못할 거야!'라는 생각들을 계속 하잖아요. 반추는 정말로 자기연민적인 행동이 아니죠. 그거 알고 있나요? 연구에 의하면 반추와 우울증은 관련이 있는데, 반추를 자주 하는 사람일수록 더 우울해지는 경향이 있다고 해요. 왜냐하면 우리가 반추할 때, 우리는 자신이 잘못한 모든 일에 대해 생각하고 미래에 일어날지도 모르는 모든 나쁜 일에 대해 걱정하기 때문이에요.

마음챙김은 우리가 '반추하지 않고' 현재 순간에 더 잘 머물 수 있도록 도와준답니다. 다음은 자신에 대해서 반추하거나 자신의 속상한 마음을 알아차렸을 때 할 수 있는 또 다른 마음챙김 실습이에요. 이 실습은 우리 자신을 위로하고 진정시키는 데 도움이 되기 때문에 자기연민 실습이라고 볼 수도 있어요. 음악과 함께하는 이 실습은 청소년 친구들이 좋아하는 실습 중에 하나랍니다.

따라 해 보세요: 음악 명상

명상 시간은 당신이 선택한 음악의 재생 시간에 따라 달라집니다. 원하는 곡을 선택해 보세요.

1. 먼저, 편안하고 가사가 없는 음악을 찾아보세요. 음악에 가사가 없어야 한다는 점이 중요합니다. 가사가 있으면 생각을 하게 되거든요. 그런데 우리는 지금 머릿속에서 벗어나 듣는 감각에 머무르는 연습을 할 거니까요. 많은 청소년 친구들이 기타로(Kitaro)의 〈실크로드 테마(Theme from Silk Road)〉(https://www.youtube.com/watch?v=p5n57OSe8tw) 같은 음악을 정말 좋아합니다.

2. 음악을 골랐다면, 눕거나 앉아서 편안한 자세를 취해 보세요. 당신이 정말로 휴식을 취할 수 있는 장소에 있는지도 확인해 봅니다. 원한다면 눈을 감아도 좋습니다.

3. 음악 소리가 나면, 온전히 음악에 집중해 보세요. 음색에 귀를 기울이고 음악과 함께 머무르면서, 모든 선율의 높낮이, 고조되고 가라앉는 음역과 함께해 보세요.

4. 당신의 마음이 떠돌거나 생각에 빠져 있다는 것을 알아차리면(언제든 그럴 수 있어요), 그냥 다시 주의를 음악의 선율로 가져옵니다.

5. 마음이 떠도는 것을 알아차릴 때마다 그저 다시 부드럽게 음악에 귀를 기울여 봅니다.

실습하고 난 지금, 가장 인상 깊은 점은 무엇인가요? 이 실습이 당신에게 어떠했나요?

____

____

____

생각이 올라오는 순간을 알아차렸나요? 주의를 음악으로 다시 돌릴 수 있었나요?

생각이 올라오는 것을 알아차리고, 다시 주의를 음악 소리에 집중시키는 습관을 기르는 데는 시간이 걸린답니다. 그리고 잊지 마세요! 마음이 떠도는 것은 나쁜 게 아니에요! 완전히 자연스러운 일이죠. 생각이 떠도는 것을 알아차릴 때마다, 그저 당신의 주의를 음악으로 되돌리기만 하면 된답니다.

청소년들의 실습 소감

음악을 들을 때마다 제가 온전히 집중할 수 있다는 것을 깨닫게 돼요. 그러다 보니까 정말로 음악을 엄청 좋아하죠. 그래서 항상 음악을 들어요. 그러면 매일같이 온종일 차분해질 수 있거든요.

반추 말고도 우리 자신을 괴롭히는 것들에 대한 다른 반응으로는 그것들을 밀어내버리는 게 있지요. 이걸 저항(resistance)이라고 불러요. 저항은 마음챙김과 반대로 작용하죠. 마음챙김은 상황을 있는 그대로 존재하게 해 주는 반면, 저항은 상황이 현재와는 다른 무언가가 되기를 바라는 거랍니다.

저항은 우리 자신과 우리의 경험을 판단하는 반응이에요. 우리 머릿속의 작은 목소리가 '야, 장난해? 난 그 애들이랑 놀 만큼 괜찮지 않아!'라거나 '내가 그 게임을 망쳤어! 골을 넣을 수 있었는데! 우리 팀은 나한테 실망했어! 바보 같으니라고!'라고 말하는 거죠.

이게 정확히 무슨 의미일까요? 예를 들어, 당신이 몇 달 동안 연습해 온 연극 무대에 있다고 상상해 보세요. 주연은 아니지만, 꽤 괜찮은 역할을 맡았지요. 그리고 다른 사람들은 당신만 믿고 있는 상황이에요. 이 모든 설렘은 개막날 밤까지 이어집니다. 이윽고 막이 오르는군요. 당신은 공연 1막 2장의 무대에 서 있고, 함께 서 있는 주인공에게 몸을 돌려 입을 열고 대사를 말하려고 하는데, 아무 말도 나오지 않는 거예요! 대사를 완전히 까먹었지요! 그리고 주인공은 당신을 쳐다보고 있죠. 완전히 공포에 질린 표정으로 말이죠. 그리고 당신은 말을 더듬거리고만 있고…….

이후 당신은 대사를 잊어버린 자신을 자책합니다. 자신이 출연진 모두를 실망하게 만든 것만 같죠! 다른 사람들이 계속 괜찮다고, 흔히 일어나는 일이라고 말해 주어도 그러면 그럴수록 당신은 완전히 패배자처럼 느껴지지요. 저항은 이미 일어나 버린 일이 바뀌기를 바라며 자신을 자책하는 겁니다. 현실을 냉정하게 직시해 보면, 아무것도 바꿀 수 없는데 말이죠. 그러니까 저항하지 않는다는 것은 상황이 이미 끝났고 되돌릴 수 없다는 사실을 받아들인다는 것이랍니다.

우리는 대부분 있는 그대로의 삶에 저항합니다. 선생님이나 부모님이 달라지기를 바라고, 우리 자신이 달라지기를 바라고, 어쩌면 친구들이 우리를 다르게 대해 주기를 바라기도 하고, 최소한 숙제라도 적었으면 하고 바라죠. 있는 그대로 내려놓고 수용한다는 것이 그들이 변하지 않을 거라는 의미는 아니에요. 언제고 바뀔 수도 있죠. 하지만 지금 있는 그대로의 모습에 저항하는 건, 더 큰 불행을 일으킬 뿐이에요. 그리고 수용이 그들이 변화하도록 도울 수 없다는 것을 의미하지도 않아요. 우리는 그들을 도울 수 있어요. 그렇지만 우리가 시간을 거슬러 대사를 잊지 않게 되기를 바라는 것처럼, 지금 있는 그대로의 모습과 달라지기를 바라는 순간, 저항은 우리의 기분을 더 나빠지게 만든답니다.

그래서 우리가 저항할수록 오히려 그것은 지속됩니다!

실제로 분노나 쓸모없다는 느낌 같은 나쁜 감정들에 저항할수록 그런 감정들이 더 오래 지속된답니다.

90초의 규칙

뇌가 작동하는 방식을 통해서 우리가 알게 된 것은, 우리가 어떤 기분을 느낄 때(그것이 좋은 느낌이든 나쁜 느낌이든) 그 느낌을 갖게 하는 뇌의 화학작용이 90초 동안 우리 몸에 머물러 있다는 거예요. 그게 전부죠! 화를 내기 시작하는 순간부터 시작해서 '분노의 화학물질'이 몸을 빠져나가는 데 걸리는 시간은 불과 90초밖에 걸리지 않는다는 거죠. 세상에나! 그런데 우리는 90초 이상 화를 내잖아요!

그렇다면 왜 이런 일이 일어나는 걸까요? 왜 우리는 90초보다 더 오래 화가 나거나 상처받거나, 슬프고, 실망스러운 상태로 있게 되는 걸까요?

한 가지 가능성은 우리가 또다시 그 생각을 곱씹는다는 거죠. '걔가 나를 진짜 열받게 했잖아! 걔는 나한테 그렇게 말하면 안 되는 거였다고! 걔는 그럴 권리가 없어! 못됐다니까 진짜!' 그러면 다시 분노의 화학물질이 뿜어져 나오기 시작하고, 우리는 또다시 90초 동안 화가 나게 되는 거죠.

계속해서 그 생각을 되풀이하는 동안 화는 지속될 거예요.

아마 오랫동안 그렇겠죠.

그렇다면 어떻게 마음챙김이 여기에 도움을 줄 수 있을까요?

마음챙김 수행은 우리 마음속에 생각이 떠오를 때마다 그 생각을 '내려놓고' 우리가 집중하는 대상으로 돌아오게 합니다. 여기서 '내려놓는다'는 말은 마치 구름이 하늘 위를 떠다니다 서서히 우리 시야 밖으로 사라지듯이, 우리의 생각이 떠내려가는 모습을 상상하는 것과 유사합니다. 그리고 현재의 순간에 머물기 위해 호흡을 집중 대상으로 삼습니다. 호흡은 언제나 우리와 함께하기 때문에 별다른 준비가 필요하지 않아서 마음챙김 수행에 자주 쓰인답니다.

다음에 이어지는 마음챙김 실습에서는 호흡을 사용할 거예요. 이 실습은 당신이 매일 일정한 시간을 정해 두고 할 수 있는 마음챙김의 핵심 수행입니다.

시작하기 전에 지금 기분이 어떤지 한번 살펴보도록 해요. 다음의 원에다 당신의 기분이 '좋은' 정도를 음영으로 표시해 보세요. 만약 기분이 정말 끔찍하다고 느껴지면, 원을 어떤 것으로도 채우지 말고 빈 채로 두세요. 만약 기분이 정말 좋다면, 원을 모두 채워 주세요. 물론 기분이 '좋다'는 말이 어떤 뜻인지는 잘 이해하고 있겠죠!

따라 해 보세요: 마음챙김 호흡

모든 명상 실습과 마찬가지로 천천히 하는 것이 중요합니다. 호흡을 느낄 수 있도록 충분한 시간을 가지고 하시기 바랍니다. 전체 실습을 하는 데 적어도 10~15분 정도가 필요합니다.

1. 방석이나 의자에 편안하게 앉습니다. 당신이 깨어 있고 알아차릴 수 있도록 도와줄 자세를 찾아봅니다. 몸을 구부정하게 하기보다는 똑바로 앉는 것이 초롱초롱한 상태로 깨어 있는 데 도움이 됩니다. 또는 소파나 바닥에 누울 수도 있습니다. (잠들지 않게 조심하세요!)

2. 이 실습은 눈을 감고 할 수도 있고 눈을 뜨고 할 수도 있습니다. 만약 눈을 뜨고 실습을 할 거라면 시선을 둘 수 있는 지점을 앞쪽의 1m 정도 떨어진 바닥 한 곳으로 정해 봅니다. 응시하는 것이 아니라, 그저 '부드러운 시선으로' 그 지점에 머무르게 합니다.

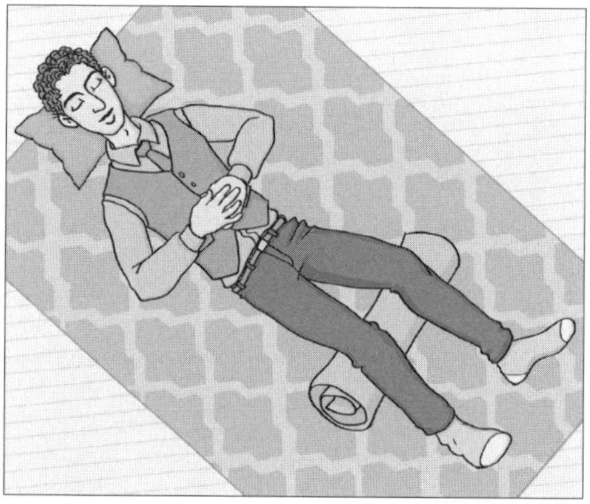

3. 몇 차례 천천히 호흡해 봅니다. 호흡이 가장 잘 느껴지는 부위에서 호흡을 알아차려 보세요. 그곳이 숨을 들이마실 때 느껴지는 코끝이 될 수도 있고, 숨을 내쉴 때 느껴지는 입 부분이 될 수도 있습니다. 또는 공기가 드나드는 콧속일 수도 있고, 가슴이나 횡격막의 움직임으로 알아차릴 수도 있습니다. 만약 당신이 누워 있다면, 손을 갈비뼈 아랫부분 횡격막 근처에 얹어 둘 수도 있습니다. 이렇게 하면 호흡할 때마다 횡격막이 오르내리는 것을 더 잘 느낄 수 있습니다(천천히 이 부위를 찾아보세요).

4. 호흡의 맨 처음부터 마지막까지, 호흡의 모든 흐름을 느낄 수 있는지 살펴보세요. 호흡의 움직임, 온도, 촉감까지도 알아차려 보세요.

5. 마음이 방황하고 있다는 것을 알아차린다면, 그저 주의를 다시 호흡으로 부드럽게 가져옵니다. 마음이 몇 번을 방황하더라도 걱정하지 않습니다. 우리의 마음은 자연스레 방황하곤 합니다. 그것이 마음이 하는 일이지요. 그러니 마음이 방황하는 것을 알아차렸다면, 그저 부드럽게, 자신을 판단하지 말고, 다시 주의를 호흡으로 가져옵니다.

6. 몸 전체가 숨을 쉬고 있는 것을 느껴 봅니다. 마치 바닷물의 일렁임처럼, 호흡의 오르내림에 따라 우리 몸은 부드럽게 움직이고 있습니다.

7. 따뜻한 담요의 감각을 즐기듯이, 호흡의 편안함을 즐기도록 당신 자신을 허용해 주세요. 몇 분 동안, 이 실습을 계속합니다.

8. 호흡을 느끼는 동안 마음이 방황한다는 것을 알아차린다면, 다시 호흡으로 돌아옵니다.

9. 몇 분이 지난 다음, 호흡을 놓아주고, 당신의 알아차림 속으로 무엇이 찾아오든 있는 그대로 잠시 허용해 봅니다.

10. 지금 이 순간 어떤 느낌인지 알아차려 봅니다.

11. 천천히, 부드럽게 눈을 뜹니다.

이제 당신의 기분이 어떤지 한번 살펴볼게요. 당신의 기분이 '좋은' 정도만큼 다음의 원에 칠해 보세요.

청소년을 위한 마음챙김 프로그램인 '호흡하는 법 배우기(Learning to BREATHE)' 프로그램을 만든 트리쉬 브로더릭(Trish Broderick) 선생님은 간단한 3-3 호흡법을 제안해요. 스트레스를 받지 않았더라도 하루에 세 번씩, 꼬박꼬박 마음챙김 호흡을 세 번 하는 거예요.

기억하기 쉽죠? 하루에 세 번, 마음챙김 호흡 세 번. 많은 청소년 친구들이 이 호흡법이 정말 효과가 좋다고 말해요.

자기비판적인 생각이 떠오르는 걸 알아차렸을 때, 이 3-3 마음챙김 호흡 실습을 곧바로 해 볼 수 있을 거예요.

청소년들의 실습 소감

- 뭐라도 해야 할 상황이 올 때마다 저는 3-3 호흡법을 해요. 진짜로 엄청 화가 났을 때에도 세 번만 숨을 쉰 다음에 그들에 대해 다시 생각해 보면 좀 진정이 된 걸 느껴요.
- 저는 공황 발작이 오거나 과호흡을 하게 될 때 호흡 실습을 하면 효과가 있었어요.
- 호흡 세 번 하는 데에는 시간이 오래 걸리지 않잖아요. 학교에서 시험 칠 때나 운동 시합할 때 앉아서 명상할 시간이 많지 않은데, 호흡 실습은 그럴 때 마음을 가라앉히고 상황을 정확하게 볼 수 있게 해 주는 좋은 방법이에요.

하루 세 번, 마음챙김 호흡을 세 번 하는 것을 일상적인 일로 해 볼 수 있을 것 같나요? (동그라미로 표시해 주세요.)

예　　　　아니요　　　　아직 생각 중이에요

10대 청소년 친구들이 좋아하는 위로가 되는 실습 한 가지를 더 해 보면서 이 장을 마무리하려 해요. '연민 어린 바디스캔'이라고 불리는 실습인데, '발바닥 느끼기' 실습의 연장선에 있는 실습이에요. 한 가지 차이점이 있다면, 이 실습은 '공식' 실습이라서 적어도 10분에서 15분 정도 따로 시간을 내야 해요. 이 실습에는 마음챙김과 자기연민이 모두 담겨 있답니다. 어떤지 한번 해 볼까요!

그전에 먼저, 당신의 기분이 어떤지 살펴볼게요. 지금 이 순간 당신의 기분이 대체로 어떤 상태인지 × 표시를 해 보세요.

짜증 나요. 스트레스 받아요. 끔찍해요.	완전 최고예요! 오늘만 같으면 좋겠어요!

당신의 기분이 어떤지 좀 더 자세히 말해 줄 수 있나요? 구체적으로 말해 볼수록 더 좋아요. 이렇게 해 놓으면 지금 느낌과 바디스캔이 끝나고 난 다음 느낌을 비교하기 쉽거든요.

따라 해 보세요: 연민 어린 바디스캔

실습은 충분한 시간을 갖고 천천히 해야 한다는 것을 기억해 주세요. 연습은 보통 15분 정도 걸리지만, 연장해서 실습하고 싶다면 더 긴 시간을 쓸 수도 있습니다.

1. 먼저, 등을 바닥에 대고 누워 봅니다(침대에서도 할 수 있지만, 바닥에서 하는 게 더 쉽습니다). 양손을 옆구리에서 15cm 정도 떨어진 곳에 부드럽게 두고, 양쪽 다리도 바닥에 편안하게 놓아둡니다. 바닥이 당신을 받치고 지지하도록 허용하면서, 바닥에 누워 있는 당신의 몸 전체를 알아차려 봅니다.

2. 이제 호흡에 주의를 기울이면서, 몸 안팎으로 호흡이 부드럽게 움직이는 것을 알아차려 봅니다. 숨을 들이마실 때마다 배가 어떻게 올라가는지, 숨을 내쉴 때마다 어떻게 가라앉는지 알아차려 봅니다. 갈비뼈 아래쪽, 횡격막 주변이 호흡할 때마다 어떻게 움직이는지도 알아차려 봅니다. 숨을 쉴 때마다 당신이 바닥으로 조금 더 가라앉도록 허용해 봅니다. 만일 원한다면, 이 실습을 하는 내내 당신 자신에게 친절을 가져온다는 의미로 한 손을 가슴 위에 올려놓을 수도 있습니다. 가슴 위에 놓인 손의 따뜻함을 느끼면서, 몇 차례 깊고 편안하게 호흡합니다. 그런 다음, 팔을 다시 몸 옆으로 내려놓아도 좋고 그대로 가슴 위에 놓아두어도 좋습니다.

3. 이제 당신의 주의를 발바닥으로 가져갑니다. 발바닥에 느껴지는 감각들을 알아차려 봅니다. 따뜻한가요, 아니면 차가운가요? 건조한가요, 아니면 촉촉한가요? 충분한 시

간을 갖고서 발바닥에서 느낄 수 있는 모든 감각을 알아차려 봅니다.

4. 이제 주의를 발등으로 옮겨서, 지금 이 순간 발등에서 느껴지는 감각을 알아차려 봅니다. 간지러울 수도 있고, 양말의 감촉이 느껴질 수도 있고, 아무것도 느껴지지 않을 수도 있습니다. 모든 감각을 그대로 내버려 둡니다. 만일 불편함이나 통증이 느껴지면, 마치 과학자처럼 그 경험을 탐구해 볼 수 있는지도 봅니다. 그리고 그 부위에 따뜻한 수건을 얹어 놓은 것처럼 상상하면서 마음으로 그 부위를 부드러워지게 해 볼 수도 있습니다. 그 부분이 약간 편안해지는 것을 마음으로 바라봅니다.

5. 이제 발에 대한 '감사'를 보내 보세요. 생각해 보면, 우리 발의 면적은 이렇게 작은데도, 온종일 우리의 몸 전체를 지탱해 주고 있습니다. 놀랍지 않나요? 우리의 발은 우리를 위해 정말 열심히 일하고 있지만, 우리는 발에 거의 관심을 기울이지 않습니다. 지금 잠시 시간을 내어 당신의 발에 감사하는 시간을 가져 봅니다. 만일 지금 발이 편안하게 느껴진다면, 불편감이 없는 것에 대해 감사할 수도 있습니다!

6. 숨을 들이쉬면서, 당신의 주의를 발목, 정강이와 종아리로 이동합니다. 한번에 한쪽 다리씩 주의를 기울여 봅니다. 발목, 종아리, 정강이에서 어떤 감각이 느껴지는지 알아차릴 수 있도록 시간을 가져 봅니다. 이렇게 하는 동안, 몸의 각 부분이 당신을 위해 그토록 많은 일을 하고 있다는 것 또한 알아차려 봅니다.

7. 마음이 방황하는 것을 알아차리면, 그저 몸의 감각으로 돌아옵니다. 마음은 자연스레 방황할 수 있습니다. 그러니 그것에 대해서 판단할 필요가 없습니다. 그리고 만약 몸의 어떤 특정한 부분을 판단하는 자신을 알아차린다면, 잠시 가슴에 손을 얹고 부드럽게 호흡합니다. 이런 판단과 비난은 듣기 힘겨울 수 있기 때문에, 자신에게 친절하기로 했다는 사실을 떠올리기 바랍니다. 그런 다음, 다시 몸의 감각으로 돌아옵니다.

8. 이제 다리로 돌아가서, 눌려 있는 감각이나 바닥과 닿아 있는 부위의 감각을 알아차려 봅니다. 닿아 있는 부분들은 어떤 느낌인가요? 압박감이나 불편감이 느껴지나요? 아니면 다른 감각이 느껴지나요? 잠시 시간을 갖고서 당신의 다리가 어떻게 움직이는지, 또 필요할 때마다 어떻게 당신을 그곳으로 데려다주는지 알아차리는 시간을 가져 봅니다.

9. 숨을 들이마시면서, 주의를 다음 부위로 이동합니다. 당신의 무릎, 허벅지, 엉덩이에서 일어나는 감각들을 알아차린 다음, 잠시 멈춥니다. 판단하는 생각이 일어날 수도 있습니다. 만약 그렇다면, 판단하는 생각이 있다는 것을 알아차리고, 그러한 판단의 목소리를 듣는 것이 얼마나 힘든 일인지를 알아차려 봅니다. 만일 원한다면, 당신은 친절을 받을 충분한 가치가 있고, 바로 지금 이 순간 또는 당신이 필요로 하는 어떤 순간이든 당신 자신에게 친절할 수 있다는 것을 기억할 수 있도록 손을 가슴 위에 얹어 봅니다.

10. 이제 당신의 주의를 배로 옮겨서, 당신의 몸이 호흡하는 것을 알아차려 봅니다. 호흡에 따라 배가 팽창하고 수축하는 것을 느끼며, 숨을 들이쉴 때마다 어떻게 당신에게 영양을 공급해 주는지, 내쉴 때마다 어떻게 당신을 위로해 주는지 알아차려 봅니다. 호흡이 주는 이러한 영양과 위로를 자신이 즐기도록 허용하면서, 당신의 위장이 음식을 소화하기 위해 매 순간 얼마나 열심히 일하고 있는지 알아차려 봅니다.

11. 그리고 이제, 주의를 가슴으로 이동합니다. 숨을 쉴 때마다 당신의 폐가 팽창하는 것을 알아차려 봅니다. 어쩌면 심장이 뛰고 있는 것이 느껴질 수도 있습니다. 심장은 당신이 태어나기 전에 자궁에 있을 때부터 시작해서 지금 이 순간까지 단 한 번도 멈추지 않고 오직 당신을 위해서 일하고 있습니다! 잠시 시간을 내어 당신이 살아 있을 수 있도록 심장과 폐가 하는 모든 일에 감사하는 시간을 가져 봅니다.

12. 당신의 주의를 이제 등 쪽으로 옮겨서 바닥과 맞닿아 있는 등 전체를 알아차리면서, 등 부분에서 현재 느껴지는 모든 감각을 알아차려 봅니다. 등의 어느 부분이 바닥에 닿아 있는지, 그 부분이 접촉해 있는 느낌은 어떤 것인지 알아차려 봅니다. 무엇을 알아차렸나요? 어떤 감각이 느껴지나요?

13. 숨을 들이마시면서, 주의를 양팔 아래쪽 손목, 손, 손가락으로 옮겨 봅니다. 몸의 한 곳에서 다른 곳으로 옮겨갈 때, 지금 이 순간 바로 여기에서 일어나는 감각들을 계속해서 알아차리도록 주의를 기울이세요. 따끔거리는 느낌? 피부에서 느껴지는 공기의 흐름? 따뜻함? 시원함? 지금 이 순간 당신의 팔과 손목, 손, 손가락에서 무엇이 느껴지나요?

14. 이제 당신의 목과 목 안쪽, 머리로 주의를 옮겨 봅니다. 목과 머리에 어떤 감각이 있나요? 압박감이 느껴지지는 않나요? 불편한 느낌이 있나요? 목은 온종일 당신의 머리를 떠받치고 있고, 말하고, 삼키고, 숨을 쉴 수 있게 해 줍니다. 또 머리에는 당신의 놀라운 뇌를 담고 있는 머리뼈, 세상을 보는 눈, 숨을 쉬는 코, 말을 하는 입, 소리를 듣는 귀가 있습니다. 당신 몸 내부에서 항상 진행되고 있는 이 놀라운 일들을 알아차려 봅니다. 때로는 당신이 알아차리지 못하더라도, 머리에 있는 서로 다른 기관들은 당신이 살아 있도록 서로 조화를 이루며 작동하고 있습니다. 정말 멋진 일입니다.

15. 그러니 괜찮다면 다시 한번 가슴에 손을 얹고, 자신이 단지 여기에 존재한다는 것에, 그리고 당신의 몸이 하는 모든 일에 사랑을 전하는 시간을 가져 봅니다. 당신은 그저 당신 그 자체로 자격이 충분합니다.

16. 이제 부드럽게 눈을 뜨고, 천천히 기지개를 켠 다음, 몸을 오른쪽으로 돌려 일어납니다.

지금 당신의 기분은 어떤지 한번 살펴봅니다.

짜증 나요. 스트레스 받아요. 끔찍해요.	완전 최고예요! 오늘만 같으면 좋겠어요!

지금 어떤 기분이 드는지, '연민 어린 바디스캔' 실습이 어땠는지 조금 더 자세히 이야기해 주세요.

청소년들의 실습 소감

마치 낮잠을 푹 자고 나서 완전히 충전된 느낌이에요. 실습을 얼마나 한 거예요? 15분이요? 한 시간은 한 줄 알았어요!

바디스캔 실습에서는 몸의 각 부분의 감각을 알아차리도록 강조하기 때문에 이 실습 또한 마음챙김 실습의 하나입니다. 그리고 또 한편으로는 자기연민 실습이기도 해요. 왜냐면 우리가 몸의 각 부분에 알맞은 관심을 기울이면서, 각 부위가 우리를 위해 하는 모든 일에 감사를 전하기 때문입니다.

바디스캔을 할 때 몇 가지 당부할 점이 있어요. 바디스캔을 하는 동안에는 졸거나 잠들기 아주 쉽답니다! 잠드는 게 잘못된 것은 아니에요. 저도 바디스캔을 하다 잠드는 걸 좋아해요. 하지만 만약 당신이 해야 할 숙제가 있거나 가야 할 곳이 있다면, 다른 명상 실습 방법을 선택하는 것이 좋습니다. 아니면 미리 알람을 설정해 두기 바랍니다.

나의 생각들

이 장은 당신에게 어떠했나요? 다음은 당신이 생각해 볼 만한 내용들입니다.

- 실제 위협 상황이 아닌데도 불구하고 위협이라고 생각하는 것들에 내 몸은 어떻게 반응하지?
- 예전에는 내 마음이 나를 안전하게 지키기 위해서 방황하고 있다는 사실을 알지 못했어. 나에게 상처를 줄 수 있는 일들에 대비하기 위해서 내 마음이 때때로 부정적인 생각에 머물렀던 거야. 그런 거였다니!
- 내 생각이 사실이 아니라고?! 완전 충격적인데!
- 이 장에 있는 활동이나 명상 중에 어떤 것을 현실적으로 일상에서 해 볼 수 있을까?
- 어떻게 하면 배운 것들을 실천할 수 있을까?

이 장에 대한 당신의 반응이나 답변을 자유롭게 그림으로 그려 보거나 글로 표현해 봅니다.

맺음말

마음챙김은 호기심을 가지고 우리의 경험을 살펴보는 거예요. 그리고 우리의 머릿속을 맴도는 생각과 이야기들을 내려놓는 연습이죠. 대부분 맴도는 이야기들은 우리의 두려움이 만든 것들이기 때문이에요. 이 현상은 우리의 잘못이 전혀 아닌, 그저 우리가 프로그래밍된 방식이지요. 우리의 뇌는 행복이 아닌 생존에 맞추어 프로그래밍되어 있거든요. 그래서 우리는 두려움이 바탕이 되는 이야기들을 내려놓고, 상황을 분명하게 보기 위해 더 노력을 기울여야 해요. 그렇게 할 때, 우리 자신에게 연민을 제공할 수 있게 됩니다. 그거 알고 있나요? 저와 당신만 그런 게 아니에요. 이건 우리 모두에게 일어나는 일이지요. 우리 모두 인간이니까요. 다음 장에 나오는 내용은 우리 모두가 이런 상황에 직면해 있다는 점, 즉 우리 모두 두려움, 의심, 불안정함, 부족한 느낌들과 고군분투하고 있다는 점을 알게 해 주는 몇 가지 방법을 소개할 거예요. 패배자처럼 느껴지는 순간도, 기쁘고 신나는 순간도 우리 모두에게 존재하거든요. 그러니 만약 당신이 이런 느낌에 조금이라도 공감할 수 있다면, 어서 페이지를 넘겨 보세요!

제6장

혼자라는 생각이 들 때도 나는 혼자가 아니다

당신은 지금 학교 복도를 지나고 있어요. 당신이 마주하는 사람들 모두가 서로 웃고 농담을 하면서 재미있게 시간을 보내고 있는 것 같죠. 그들은 친구도 많아 보입니다. 아마 성적도 잘 받겠죠? 설령 그렇지 않다 해도 크게 신경 쓰는 것처럼 보이지도 않네요. 모두 이성친구가 있고, 파티에 초대를 받아요. 그리고 거기에 당신이 있습니다. 당신은 이런 생각들을 하고 있죠. '이런. 코끝에 엄청나게 큰 뾰루지가 생겼잖아. 오늘따라 머리도 정말 맘에 안 들어. 게다가 도무지 내 절친이 나에게 말을 걸지 않는 이유를 모르겠어. 점심시간에 다른 친구들도 내가 아니라 유독 그 애에게만 말을 거는 것 같아. 내 상상일 수도 있지만 왠지 상상 같지만은 않아. 자기들끼리 뭐라고 속삭이는 것 같은데…… 그냥 기분이 이상해. 그만두자. 그것보다 이제 교정기를 그만해도 되는 줄 알았는데 오늘 아침에 3개월이나 더 해야 한다는 끔찍한 말을 듣게 되다니. 그 말은 사진 찍는 날에도 교정기를 껴야 한다는 거고, 그러니 웃을 수도 없다는 거잖아. 정말 비참해 보일 거야. 그래. 어차피 비참한 인생, 상관없지 뭐!'

익숙하게 들리나요? 그렇다면 당신은 혼자가 아니에요. 거의 대부분의 청소년이 이런 식으로 느끼기 때문에 여기 책에 쓴 거니까요. 상상해 보세요. 이 책을 읽는 모든 청소년이 '카렌 선생님이 내 얘기를 쓰고 있잖아. 봐. 완전 내 경험이랑 똑같아!'라고 혼잣말을 하는 것을요. 수많은 10대들이 당신과 같은 감정을 느껴요. 코끝에 난 뾰루지이든, 원하던 대학에 못 들어간 문제이든, 실망, 상처, 불안과 슬픔 등의 감정은 당신과 같은 시기를 지나고 있는 다른 청소년들에게도 마찬가지이지요. 이것이 보편적 인간 경험이라는 거예요. 이 장에서는 모든 청소년이 비슷한 감정을 느끼고 같은 경험을 하고 있다는 것에 대해 다룰 예정입니다. 물론 어른들도 마찬가지예요. 우리 모두는 같은 '구명보트'를 타고 있는 사람들이니까요.

청소년들의 실습 소감

- 감정적인 문제는 누구나 겪는 거잖아요. 그러니까 저는 자기연민이 누구에게나 해당되는 것이라고 생각해요. 설령 사람들이 자기연민이 없는 것처럼 행동을 하고 자기연민에 대해 말을 하지 않더라도, 자기연민은 우리를 기분 좋게 만들어 주거든요. 위로가 된다고 할까요.
- 당신이 어떤 감정을 느낀다 해도 그런 감정을 느끼는 것이 당신 혼자만은 아니에요. 다른 누군가는 똑같은 감정을 느끼고, 그래서 당신이 왜 그런지도 알 수 있을 걸요. 아무도 이해 못할 거라는 생각이 들 수도 있지만, 누군가는 이해하고 있어요.

혼자라고 느껴질 때, 그리고 나만 완전 어리석고, 멍청하고, 못생기고, 실패자 또는 지구의 쓰레기처럼 느껴질 때, 과연 우리는 무엇을 할 수 있을까요?

일단, 이렇게 생각해 보면 어떨까요?

- 이런 느낌은 10대 청소년들에게는 당연한 것이다. 대부분의 청소년이 이런 기분을 느끼고, 이런 감정들을 가지고 있다. 사실, 이런 감정을 느끼는 것은 성인도 마찬가지이다. 그러니 그저 인간 경험의 일부로 생각하자.
- 우리가 생각하는 것이 모두 사실은 아니다. 생각이 진실은 아니다. 생각은 생각일 뿐이다.

그리고 무엇보다 중요한 것은, 그 순간 자신에게 필요한 실습을 떠올리는 것입니다.

- 우리가 겪는 이런 힘든 감정과 경험들이 삶의 한 부분이라는 걸 상기시켜 주는 몇 가지 실습이 있잖아.

그중 하나가 '나와 같은 사람'이라는 이름의 실습이에요. 이 실습은 원래 차드-멍 탄(Chade-Meng Tan)에 의해 만들어졌어요. 그중 제가 사용하는 버전은 나의 동료 트리쉬 브로더릭(Trish Broderick)의 저서 『호흡하는 법 배우기(Learning to BREATHE)』에 있는 실습입니다. 이 실습은 다른 사람들도 우리와 매우 비슷하다는 사실을 엿볼 수 있게 해 주죠. 아이러니하게도 평소에는 우리가 그것을 잘 알아차리지 못하지만요. 이 짧은 안내 명상에서 당신은 먼저 반에 있는 친구 중에서 중립적인 느낌을 주는 친구를 아무나 떠올려 볼 거예요. 그다음에는 인기 있는 친구, 그다음에는 짜증 나게 하는 친구를 순서대로 떠올리면서 실습을 해 볼 것입니다.

따라 해 보세요: 나와 같은 사람

충분한 시간을 갖고 천천히 실습해 보세요. 빨리 실습을 마친다고 보상이 주어지는 것도 아니니 각각의 문장이 의미하는 것을 충분히 음미해 보기를 바랍니다.

[1단계]

반 친구 한 명을 떠올려 봅니다. 당신의 친한 친구일 필요는 없어요. 누구를 떠올려도 괜찮습니다. 사실, 자유롭게 임의로 떠오른 사람이 가장 좋아요.

이 친구에 대해서 어떻게 느끼는지 설명해 주는 단어와 문장을 체크해 보세요.

- 이 친구에 대해 별로 생각해 본 적이 없다. ( )
- 꽤 멋지다. ( )
- 조금 짜증 난다. ( )
- 많이 짜증 난다. ( )
- 굉장히 좋아한다. ( )
- 으……! ( )
- 이전에는 크게 신경 써 본 적이 없다. ( )
- 굉장히 멋지다. ( )
- 괜찮다. ( )
- 기타 의견: ____________________

1. 편안하고 안정된 자세를 취해 봅니다.

2. 이 친구의 이미지를 마음으로 잘 그려 봅니다. 어떻게 생겼나요? 얼굴 표정은 어떤가요? 무슨 옷을 입고 있나요?

3. 이 친구에 대해 다음의 몇 가지를 깊이 사유해 봅니다.

이 친구는 나처럼 그저 한 인간일 뿐이다.
이 친구는 나처럼 몸과 마음을 가지고 있다.
이 친구는 나처럼 느낌과 감정, 생각을 가지고 있다.
이 친구는 나처럼 때로 슬프고, 실망하고, 화가 나고, 상처받고, 헷갈리는 순간이 있다.
이 친구는 나처럼 고통과 불행에서 벗어나고 싶어 한다.
이 친구는 나처럼 안전하고, 건강하고, 사랑받기를 원한다.
이 친구는 나처럼 행복하기를 원한다.

4. 이제 이 친구를 향해 자연스럽게 올라오는 몇 가지 바람을 허용해 봅니다.

이 친구에게 인생의 힘든 시간을 지탱해 줄 힘과 자원, 그리고 조력자들이 있기를 바랍니다.
이 친구가 고통에서 벗어나기를 바랍니다.
이 친구가 강해지고 안정되기를 바랍니다.
이 친구가 행복하기를 바랍니다. 왜냐하면 이 친구는 나와 같은 한 인간이기 때문입니다.

5. 몇 차례 깊이 숨을 쉬면서 방금한 실습의 경험을 확인해 봅니다. 적어도 몇 분간 그대로 앉아서 기분이 어떤지 비추어 봅니다.

이 친구에 대해서 지금 어떤 느낌이 드나요? 설명해 줄 단어나 문장에 동그라미를 쳐 봅니다. 테스트가 아니니 솔직하게 해 보세요.

- 이 친구에 대해 별로 생각해 본 적이 없다. (　　)
- 꽤 멋지다. (　　)
- 조금 짜증 난다. (　　)
- 많이 짜증 난다. (　　)
- 굉장히 좋아한다. (　　)
- 으……! (　　)
- 이전에는 크게 신경 써 본 적이 없다. (　　)

- 굉장히 멋지다. (　　)
- 괜찮다. (　　)
- 기타 의견: ______________________________

만일 이 친구에 대한 느낌이 달라졌다면, 왜 그런 것 같나요?

____

____

____

____

____

[2단계]

이번에는 똑같은 실습을 학교에서 가장 인기 많은 친구를 떠올리면서 해 보세요. 당신이 생각하기에 무슨 일이든 다 잘되는 것만 같고, 친구도 많고, 모든 것을 다 갖춘 것처럼 보이는 한 친구를 떠올려 봅니다.

그 친구의 이미지를 생생하게 떠올려 봅니다. 아름다운 머릿결, 티 없이 깨끗한 피부, 그리고 친구들에 둘러싸인 모습 등등을 떠올려 보세요.

이 친구를 염두해 두면서 '나와 같은 사람' 실습을 똑같이 해 봅니다.

1. 편안하고 안정된 자세를 취해 봅니다.

2. 그런 다음, 마음으로 그 친구에 대한 이미지를 떠올려 봅니다. 그 친구는 어떻게 생겼나요? 얼굴 표정은 어떤가요? 무슨 옷을 입고 있나요?

3. 이 친구에 대해 다음의 몇 가지를 깊이 사유해 봅니다.

   이 친구는 나처럼 그저 한 인간일 뿐이다.
   이 친구는 나처럼 몸과 마음을 가지고 있다.

이 친구는 나처럼 느낌과 감정, 생각을 가지고 있다.

이 친구는 나처럼 때로 슬프고, 실망하고, 화가 나고, 상처받고, 헷갈리는 순간이 있다.

이 친구는 나처럼 고통과 불행에서 벗어나고 싶어 한다.

이 친구는 나처럼 안전하고, 건강하고, 사랑받기를 원한다.

이 친구는 나처럼 행복하기를 원한다.

4. 이제 이 친구를 향해 자연스럽게 올라오는 몇 가지 바람을 허용해 봅니다.

이 친구에게 인생의 힘든 시간을 지탱해 줄 힘과 자원, 그리고 조력자들이 있기를 바랍니다.

이 친구가 고통에서 벗어나기를 바랍니다.

이 친구가 강해지고 안정되기를 바랍니다.

이 친구가 행복하기를 바랍니다. 왜냐하면 이 친구는 나와 같은 한 인간이기 때문입니다.

5. 몇 차례 깊이 숨을 쉬면서 방금한 실습의 경험을 확인해 봅니다. 적어도 몇 분간 그대로 앉아서 기분이 어떤지 비추어 봅니다.

무엇을 경험했나요? 이 친구에 대한 생각이나 느낌이 달라진 것이 있나요?

만약 이 친구에 대한 느낌이나 생각하는 방식에 변화가 생겼다면, 왜 그런 변화가 생긴 것 같나요?

[3단계, 자신 있다면, 다음 실습에도 도전해 봅니다!]

이제, 심화 실습을 해 보겠습니다. 이 실습은 반드시 할 필요는 없습니다! 방금 했던 실습을 똑같이 하되, 이번에는 당신을 굉장히 짜증 나게 하는 친구를 떠올립니다. 당신이 정말로 싫어하는 사람일 수도 있고, 단순히 당신을 귀찮게 하는 사람일 수도 있습니다.

마음으로 그 친구를 떠올려 봅니다(이 작업은 힘들 수 있어요. 하지만 계속해 봅니다).

그리고 그 친구를 대상으로 '나와 같은 사람' 실습을 해 봅니다. 여기에 다시 한번 실습 안내가 나옵니다. 재빠르게 실습을 해치워 버리고 싶더라도, 서두르지 않습니다!

1. 편안하고 안정된 자세를 취해 봅니다.

2. 마음으로 그 친구의 이미지를 잘 떠올려 봅니다. 그 친구는 어떻게 생겼나요? 얼굴 표정은 어떤가요? 무슨 옷을 입고 있죠?

3. 이 친구에 대해 다음의 몇 가지를 깊이 사유해 봅니다.

이 친구는 나처럼 그저 한 인간일 뿐이다.
이 친구는 나처럼 몸과 마음을 가지고 있다.
이 친구는 나처럼 느낌과 감정, 생각을 가지고 있다.
이 친구는 나처럼 때로 슬프고, 실망하고, 화가 나고, 상처받고, 헷갈리는 순간이 있다.
이 친구는 나처럼 고통과 불행에서 벗어나고 싶어 한다.
이 친구는 나처럼 안전하고, 건강하고, 사랑받기를 원한다.
이 친구는 나처럼 행복하기를 원한다.

4. 이제 이 친구를 향해 자연스럽게 올라오는 몇 가지 바람을 허용해 봅니다.

이 친구에게 인생의 힘든 시간을 지탱해 줄 힘과 자원, 그리고 조력자들이 있기를 바랍니다.

이 친구가 고통에서 벗어나기를 바랍니다.

이 친구가 강해지고 안정되기를 바랍니다.

이 친구가 행복하기를 바랍니다. 왜냐하면 이 친구는 나와 같은 한 인간이기 때문입니다.

지금 이 친구가 어떻게 느껴지나요? 바뀐 점이 있나요? 솔직하게 답해 봅니다.

만약 이 친구에 대한 느낌이 달라졌다면, 왜 그런 것 같나요?

이 안내 명상 실습으로부터 무엇을 배웠나요? 우리의 일반적인 인식을 뛰어넘어서 나와 남을 구분 짓는 벽을 허물 때, 반에 있는 평범한 친구든 인기 있는 친구든 또는 당신이 싫어하는 친구든, 사실 우리와 별반 다른 점이 없다는 사실을 이해하게 된답니다. 우리는 모두 비슷한 두려움, 불안, 의심, 그리고 다른 사람들로부터 관심을 받고 행복해지고 싶은 욕망을 가지고 있어요. 그리고 때때로 고통을 겪지요. 그래서 우리는 그러한 파도에 휩쓸리지 않고 계속 떠 있으면서 파도를 타는 방법을 찾으려고 하는 것입니다.

이제, 짜증 나게 하는 친구를 마주하게 되면 재빨리 '나와 같은 사람' 명상 실습을 해 보세요. 정말 도움이 될 거예요!

선생님의 경험 나누기

청소년과 부모 및 학교에서 일어나는 정서적 학습을 연구하는 교수이자 연구자인 마크 그린버그(Mark Greenberg) 박사는 이렇게 말합니다. "저는 성인들과의 면담을 시작하기 전에 항상 '나와 같은 사람' 명상을 해요. 그러면 대부분의 사람들이 타인들 역시 자신처럼 어려움에 직면하고, 고통을 겪는다는 사실을 망각하고 있음을 발견하게 되지요. 우리 모두가 한 배를 탔다는 것을 상기시켜 주는 것은 도움이 됩니다. 실제로 명상 후에 면담을 해 보면 좀 더 이야기가 잘되는 것 같거든요."

어쩌면 당신은 지금쯤 이런 생각을 할지도 모릅니다. '하지만 나의 단점들로 인해 다른 사람들과 다르게 뒤떨어지고 분리되는 것은 아닐까?'

우 꽁뜨레(Au contraire)! 이 말은 프랑스 말로 "아니, 완전히 반대야."라는 뜻이에요. 우리는 모두 '결함'을 가지고 있죠. '결함'은 인간의 한 부분이며, 누구나 완벽하지 않기 때문에 오히려 우리를 타인과 이어 주는 연결고리이기도 해요. 눈치챘을 수도 있지만 제가 '결함'이라는 단어를 따옴표로 인용한 이유는 사실 결함이 반드시 나쁘거나 우리를 뒤처지게 하지도 않는다는 것을 말하고 싶어서예요. 이 장이 끝날 때쯤이면 당신도 그렇게 생각하게 될 거예요. 우 꽁뜨레(Au contraire)! 오히려 그것들은 우리를 특별하고 독창적인 사람으로 만들어 준답니다.

잠시 자신의 결점이라고 생각하는 것이 무엇인지 떠올려 보세요. 아마 생각해 내는 데 그리 오랜 시간이 필요하지는 않을 거예요.

이제 당신의 단점들이 어느 정도로 나쁘다고 생각하는지 다음의 선에 × 표시를 해 보세요.

굉장히 끔찍하다 ———————————————— 그렇게 나쁘지 않다

보통 우리 문화에서는 모든 일을 '완벽하게' 해내는 완벽한 사람이 되라고 강조하지요. 적어도 우리의 결함이 심각하게 드러나서는 안 된다고 말해요. 그러니까 가능한 한 앞의 선에서 오른쪽에 가까워야 한다는 거죠. 하지만 우리의 모든 문화가 그런 것만은 아니에요. 일본에 '킨츠기(金継ぎ)'라고 하는 매우 흥미로운 예술 분야가 있어요. 킨츠기 작가들은 도자기가 깨졌을 때 금이 간 부분을 숨겨서 '새것처럼' 만들려고 하기보다는, 금으로 깨진 부분을 메워서 '새것보다' 더 튼튼하고 좋게 만든답니다. 그래서 실제로 보면 금으로 인해 균열이 더 돋보이고 '빛나게' 돼요. 우리가 여기서 얻을 수 있는 메시지는 우리도 이 도자기 그릇처럼 자신의 '불완전함'과 '결점'을 존중하고 포용할 수 있다는 거예요. 또 우리 모두 불완전한 존재라는 사실이 우리를 서로 연결시켜 준다는 점입니다.

따라 해 보세요: 나만의 킨츠기 그릇 만들기

[준비물]

- 왁스가 발라져 있지 않은 일회용 종이그릇(친환경 접시들이 제일 좋아요.)
- 그릇에 그림을 그릴 수 있는 검은색 펜(젤 타입 펜이 잘 써질 거예요.)
- 금색 유성매직이나 페인트 펜(화구용품을 파는 문구점에서 구할 수 있어요.)

1. 먼저, 검은색 펜으로 종이그릇에 금이 간 부분을 그려 넣습니다. 아마 이런 모양이 될 거예요.

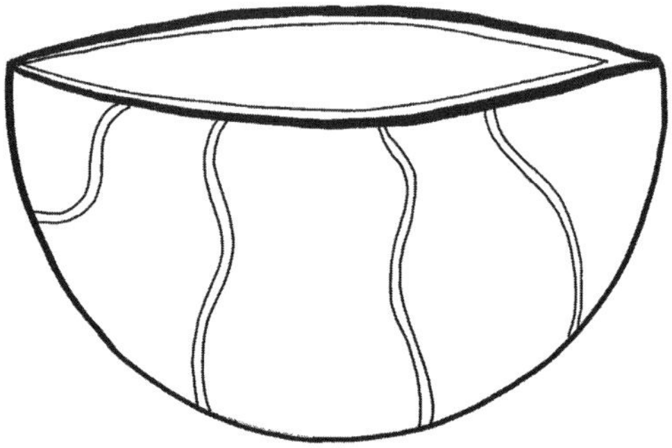

2. 이제 금으로 나누어진 각 구획들을 서로 다른 '마음챙김 디자인'으로 채워 봅니다. 이 작업을 하는 동안 집중할 수 있도록 충분한 시간을 가져 봅니다. 손에 쥐고 있는 펜의 느낌, 펜이 그릇에 닿는 느낌, 펜에서 잉크가 흘러나와 그릇에 그림이 그려지는 것, 그리고 그려진 검은 선 사이사이의 공간 등을 알아차려 보세요. 이 활동을 하는 목표는 작업을 마치는 데 있는 것이 아니라 감각을 알아차리고 관찰하는 데 있습니다. 아래에 완성된 그릇의 예시가 있습니다. 물론 당신의 그릇 모양과 다르다고 걱정할 필요는 없습니다. 당신의 접시는 우리가 아닌 오롯이 당신만의 것이면 되니까요.

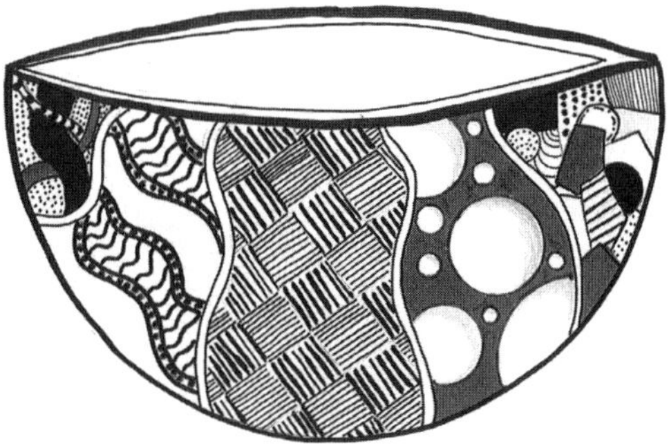

3. 접시의 각 구획들이 디자인으로 모두 채워지면(또는 지쳐서 더 이상 그리고 싶지 않아지면) 금빛 마커 펜으로 까만 선들 위를 칠해 봅니다. 자! 이제 당신의 킨츠기 그릇이 완성되었네요! 이 그릇을 원하는 방식으로 사용해도 됩니다. 접시를 볼 때마다 불완전성과 독창성이 우리를 보다 특별하게 해 주는 동시에 지구상의 모든 인간과 우리를 이어 준다는 사실을 꼭 기억하기 바랍니다. 그리고 살면서 우리가 실수를 할 때 우리는 그 실수를 통해 배우면서 우리 자신을 더 단단하게 만들 수 있답니다.

청소년들의 실습 소감

- 저는 킨츠기 그릇 실습이 좋았어요. 왜냐하면 실수가 장점이 될 수 있다는 것을 보여 주는 부분이 좋았거든요.
- 저는 깨진 부분의 금이 그릇을 더 단단하게 해 준다는 점이 좋았어요. 그러니까 우리도 균열이 많을수록 더 강해지는 거잖아요!

이제 당신의 단점에 대해 어떻게 느끼는지 선 안에 × 표시를 해 보세요.

굉장히 끔찍하다 그렇게 나쁘지 않다

나의 생각들

이 장에서 배운 내용들을 잠시 생각해 본 다음, 그것들을 아래에 자유롭게 쓰거나 그림으로 표현해 보세요. 예를 들어, 다른 사람들 역시 나와 같이 분투하고, 상처받고, 분노하고, 외로움을 느낀다는 사실을 알게 된 것에 대해 생각해 보고 싶을 수 있습니다.

맺음말

힘겨울 때 우리는 종종 극심한 외로움을 느끼게 돼요. 결핍과 결함 그리고 불충분하다는 느낌을 받게 되지요. 왜냐하면 우리는 문화적으로 '완벽해야 한다'는 메시지를 받아서 '결함'에 대해 부정적이기 때문이에요. 그리고 슬픔이나 분노의 감정은 뭔가 문제가 있는 것이라고 배웠기 때문에 우리는 이러한 감정들과 결함들을 다른 사람들에게 숨겨야 한다고 믿고 있죠. 진실은 우리 모두가 이런 식으로 분투하고 느낀다는 겁니다. 특히 청소년일 때는 더더욱 자주 일어나는 일이지요. 이러한 '불완전성'과 '결함'은 인간의 한 부분이자 삶의 일부분입니다. 다른 누구도 가지고 있지 않은 결함이나 무능함을 나만 가지고 있는 것이 아니에요. 잘 생각해 보면, 결함은 누구나 가지고 있는 것이기 때문에 오히려 우리를 다른 모든 사람과 하나로 연결시켜 준답니다.

제3부

깊이 있게 배우기

제7장

도와줘요! 지금 감정의 롤러코스터를 타고 있어요!

제가 어떻게 해도 부모님에게는 충분하지 않을 거예요! 절대로! 제가 뭘 한다 해도, 저는 여전히 실패작일 뿐이에요. 만일 제가 심술쟁이 여동생이랑 싸웠다면 어떻게 될까요? 제 말은, 진짜 걔가 먼저 시작했거든요. 설령 제가 동생을 놀렸다면요? 그러면 안 된다는 걸 저도 알아요. 하지만 그렇지 않아도 인생 최악의 날을 보내고 있는 저에게, 부모님은 제 자존감을 완전히 바닥까지 떨어뜨렸어요! 제가 축구경기에서 골을 놓치는 바람에 우리 팀이 경기에서 졌고, 화학 실험 시간에는 멍청하게 산성 물질을 쏟아 버렸지 뭐예요. 점심시간에는 셔츠를 온통 케첩 범벅으로 만들어 버렸고…… 결국 부모님까지 저를 지구상에서 가장 최악의 아이라고 느끼게 만들었지요……. 그러니까 저도 알고 있다고요……. 오늘 하루를 완전히 망쳐 버린 바보라는 걸 말이에요. 실패작이라서 정말 죄송하네요. 저도 제가 싫다고요! 잘하는 거라곤 하나도 없죠! 저도 알아요. 아주 최악 중에 최악이죠! 이제 됐나요? 이제 행복한가요?

익숙하게 들리나요? 이미 알고 있겠지만, 당신은 혼자가 아니에요. 이것은 대부분의 청소년들이 사춘기를 지나는 동안 부모님과의 관계나 역할이 바뀌면서 흔히 겪는 일이랍니다. 우리는 앞에서 이미 매일 시간을 만들어서 자기연민을 실천하는 몇 가지 방법에 대해 배웠어요. 그런데 일상 속에서 해야 할 일들에 몰두해 있는데 갑자기 당혹스러운 일들이 일어나고 또다시 자신을 비난하는 고약한 버릇이 튀어나올 때는 어떻게 해야 할까요? 이 장에서는 감정의 롤러코스터가 제멋대로 작동하면서 자기비난의 늪에 빠졌을 때 유용하게 사용할 수 있는 실습들을 배워 볼 거예요.

제1장에서 10대 청소년들의 뇌가 어떻게 거대한 변화를 겪게 되는지에 대해 이야기했던 거 기억하나요? 이 시기에 뇌는 사용되지 않는 뉴런과 신경경로들을 제거하고 새로운 신경경로를 생성하기 시작해요. 또 이 부분을 잘 알아야 하는 이유가, 우리가 때때로 감정에 압도되는 느낌을 이해하는 데 중요한 열쇠가 되거든요. 바로 두려움과 분노에 반응하는 뇌의 영역인 편도체가 논리적 사고와 신중한 판단을 담당하는 전두엽 피질보다 일찍 발달하게 된다는 거예요. 그러니까 당연히 당신이 시시때때로 거대한 감정의 파도를 느끼게 되는 거죠! 당신의 편도체가 전두엽 피질보다 훨씬 더 큰 힘을 갖고 있으니까요!

수십 년간 청소년들을 연구해 온 로렌스 스타인버그(Laurence Steinberg) 박사는 종종 이것을 브레이크 없는 차에 비유를 한답니다!

그러니까 이 거대한 감정의 파도를 느낄 때, 이 거대한 파도가 당신에게 다가와 덮치려고 하는 것을 느낄 때, 그것이 당신의 잘못이 아니라는 것을 기억해야 해요. 그저 당신의 10대 뇌가 최선을 다해서 당면한 상황들에 대응하고 있는 것이니까요.

때가 되면 당신 뇌의 전두엽 피질 부분이 편도체를 따라잡을 것이고, 그러면 모든 것이 편안해질 거예요. 그리고 당신의 파도는 잠잠해질 거예요.

이 상태에서

이렇게 되지요.

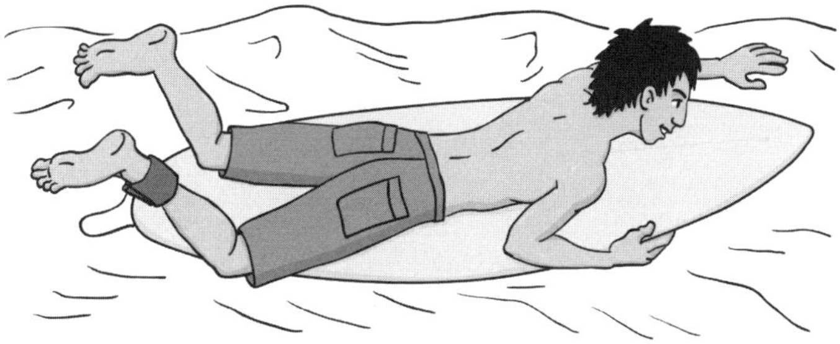

물론 이후에도 감정의 파도들은 일어나겠지만, 훨씬 작아지고 통제 가능해질 겁니다.

당신은 감정의 파도에 휩쓸린 적이 있나요? (동그라미로 표시해 보세요.)

예　　　　　　아니요

그럴 때 어떻게 반응했나요? (동그라미를 여러 개 표시해도 돼요.)

- 거의 먹지 않는다. (   )
- 엄청나게 먹는다. (   )
- TV 시리즈에 한동안 빠진다. (   )
- 자해한다. (   )
- 마약을 한다. (   )
- 술을 마신다. (   )
- 극심한 우울을 겪는다. (   )
- 폭력적으로 행동한다. (   )
- 스스로를 고립시킨다. (   )
- 등교를 거부한다. (   )
- 사람들에게 친절하지 않게 말을 한다. (   )
- 소리를 엄청 지른다. (   )
- 운다. (   )
- 방에서 물건을 집어 던진다. (   )

이미 충분히 알고 있겠지만, 이러한 반응들은 잠시나마 기분을 나아지게 할 수는 있어도 장기적으로는 그다지 도움이 되지 않아요.

그렇다면 무엇을 할 수 있을까요? 감정의 파도가 몰려올 때, 여기에 휩쓸려 가라앉지 않고 물 위에 떠 있으려면 어떻게 해야 할까요?

이 장에서 배우게 될 부드럽게 하기, 위로하기, 허용하기 실습이 이러한 상황에 처했을 때 도움이 될 거예요. 그전에 먼저 미술활동을 먼저 해 볼 거예요. 다음의 명상 실습을 하기 전에 반드시 이 미술활동을 해야 하는 것은 아니지만, 몸에서 강한 감정을 느낄 때, 이 작업을 해 보면 어떻게 도움이 되는지 실제로 느낄 수 있을 거예요. 이 말이 무슨 말인지는 곧 알게 될 거예요.

주의: 이 활동은 주변을 상당히 어지럽힐 수 있으므로, 마치고 나서 꼭 청소를 해 주세요.

따라 해 보세요: 우블렉(oobleck)* 놀이

당신은 아마도 유치원 다닐 때 했던 우블렉 놀이를 잘 알고 있겠지요!

[준비물]

물 1컵, 옥수수 전분 2컵, 혼합용 그릇, 나무 숟가락, 뚜껑이 있는 플라스틱 용기

1. 1컵의 물과 2컵의 옥수수 전분을 그릇에 넣고 섞습니다. 청소를 줄이기 위해 부엌 싱크대나 야외에서 진행하는 것이 좋습니다.

2. 나무 숟가락으로 5~10분 정도를 계속해서 섞어 주면서, 한 덩어리를 떼어내 움켜쥐면 단단한 공 모양이 되지만 손을 펴면 납작한 팬케이크 모양으로 '녹을' 때까지 저어 줍니다.

3. 적당한 농도에 가까워지면, 약간의 물이 더 필요할 것입니다. 몇 방울을 넣은 뒤 섞고, 물이 조금 더 필요하다면 몇 방울을 더 넣으면서 섞어 줍니다. 만약 이 과정이 지루하게 느껴진다면(고체 형태에 가까운 공을 만들지 못했을 경우) 옥수수 전분을 한 번에 한 티스푼 정도씩 아주 조금만 넣으면서 해 봅니다.

4. 이제 우블렉을 가지고 놀이를 해 봅니다. 한 주먹 정도를 꽉 쥐어 보세요. 무슨 일이 일어나는지 알아차려 봅니다. 느낌을 적어 볼 수 있을까요? (먼저, 손을 씻고 나서 적어 볼 수도 있습니다!)

---

* 역자 주: 옥수수 녹말과 물을 빠르게 섞어 공을 만들며 하는 놀이로 손으로 꾹 움켜쥐면 순간적으로 고체가 되지만, 손을 펼치면 액체가 되어 흐르는 재미가 있습니다. 또한 이것은 압력의 변화가 재료의 특성을 어떻게 변화시킬 수 있는지 보여 주는 훌륭한 과학 실험입니다. 차가운 온도는 물을 얼음으로 만들지만 따뜻한 온도는 얼음을 녹여 다시 액체로 만들어 주는 것처럼, 온도에 의해 물의 성질이 바뀌는 것과 비슷합니다. 이것은 아이들에게 과학적 상상력과 호기심을 불러일으켜 주는 놀이입니다.

5. 주먹 쥔 손을 펴면서 손바닥이 위를 향하도록 해 봅니다. 당신 손에 있는 우블렉이 어떻게 되었는지 묘사해 봅니다.

____

____

6. 이 놀이를 몇 번 더 해 봅니다. 우블렉을 주먹으로 꽉 쥔 다음(꽤 단단해진 느낌이 들어야 함), 손바닥을 위로 향해서 주먹을 펼쳐 봅니다(우블렉이 '이완되면서' 손에서 녹아 납작하게 되어야 함).

7. 놀이가 끝나면, 다음에 다시 해 보고 싶을 때를 위해서 우블렉이 마르지 않도록 밀폐된 플라스틱 용기에 보관합니다.

우블렉 놀이를 하면서 그것이 어떤 느낌인지 알았으니, 이제 본격적으로 힘겨운 감정을 다루기 위한 실습을 해 볼 거예요. 다른 명상 실습들처럼 부드럽게 하기, 위로하기, 허용하기 실습을 천천히 연습해 봅니다. 그러다가 실습의 각 부분들이 어떻게 다른지, 어떻게 실습해야 하는지 이해하게 되면, 그때는 감정의 파도가 밀려오는 것을 느끼는 '그 순간'에 곧바로 활용해 볼 수 있을 거예요. 하지만 지금은 천천히 진행하면서 올라오는 다양한 감정을 알아차릴 수 있도록 충분한 시간을 갖고 연습해 보는 것이 중요합니다.

따라 해 보세요: 부드럽게 하기, 위로하기, 허용하기

편안한 자세를 찾아서 눈을 감은 다음, 천천히 세 차례의 이완되는 호흡을 해 봅니다. 가슴에 손을 올려놓거나 제3장에서 배웠던 위로의 손길을 자신에게 보내면서 스스로에게 친절을 가져오고 있다는 것을 기억합니다.

이제 지금 당신의 삶에서 경험하고 있는 약간 또는 중간 정도의 힘겨운 상황을 떠올려 봅니다. 친구나 부모와의 관계에서 오는 문제일 수도 있고 학교 문제일 수도 있습니다. 괴롭힘을 당하고 있나요? 인정받지 못하고 있나요? 소외감을 느끼고 있나요? 우리가 이 실습을 이제 막 시작했기 때문에 너무 힘겨운 문제나 너무 사소한 정도의 사건은 선택하지 않는 것이 좋습니다. 몸에서 약간의 스트레스가 느껴지는 정도의 문제를 선택합니다.

생생하게 그 상황에 대해 떠올려 봅니다. 누가 거기에 있었나요? 무슨 말을 했나요? 무슨 일이 일어났나요? 마음으로 그 상황을 잘 떠올려 봅니다.

당시의 상황을 적어 보세요.

그 상황을 떠올렸을 때, 당신의 '감정 컵'이 얼마나 채워지나요? 그 상황을 떠올리는 지금, 얼마나 많은 감정을 느끼고 있는지 그 양만큼 칠해 봅니다. 당신의 감정이 컵의 어느 높이까지 차오르나요?

당신은 지금 그 상황과 그 상황을 떠올렸을 때 일어나는 감정에 대해 생각하고 있습니다. 당신이 가지고 있는 감정들에 이름을 붙일 수 있는지 봅니다.

1. 감정 컵을 채운 각각의 감정과 느낌들에 이름을 붙여 봅니다. 이러한 감정들에 가슴을 열고 느끼는 데는 시간이 걸릴 수 있습니다. 그러니 너무 서두르지 않기 바랍니다. 그 문제를 떠올렸을 때 어떤 감정들을 경험하게 되는지 동그라미로 표시해 봅니다.

- 분노 ( )
- 혼란스러움 ( )
- 두려움 ( )
- 좌절 ( )

- 비통함 (   )
- 상처 (   )
- 외로움 (   )
- 슬픔 (   )
- 그 외의 다른 감정들 ____

2. 이제, 가장 힘겨운 감정의 이름을 말할 수 있을지 살펴봅니다. 표면으로 떠오르는 하나의 감정이 있나요? 그 감정을 아래에 적어 봅니다(두 개의 감정이 동시에 떠오른다면, 그중 하나만 선택합니다).

____

____

3. 친구가 느끼는 감정에 공감하듯이 부드럽고 이해하는 목소리로 그 감정의 이름을 반복해 봅니다. '상처구나.' '슬픔이구나.' '당혹스러움이구나.'

4. 친구에게 하듯이 따뜻한 말투를 사용합니다. 친구에게 "와, 정말로 기분이 안 좋았겠다."라고 말해 준다면, 어떤 목소리로, 어떻게 말할 건가요? 지금 이 순간 자신에게 똑같은 목소리로 말해 봅니다.

다음 단계는 '몸에서 느끼기'입니다.

5. 이제 주의를 몸 전체로 확장해 봅니다.

6. 힘들었던 순간들을 다시 떠올려 보고 몸의 어디에서 그 힘겨움이 가장 강하게 느껴지는지 몸을 스캔해 봅니다. 마음의 눈으로 머리부터 발끝까지 살핀 후 약간의 긴장이나 불편함을 느끼는 부위에서 멈추세요. 충분히 시간을 가지고 실습하기 바랍니다. 우리는 지금 단순히 몸의 모든 부분을 살펴보면서 긴장감이 있는 곳은 없는지 관심을 가지고 알아보고 있습니다. 때로는 이러한 느낌을 쉽게 찾을 수 있지만, 잘 찾아지지 않을 때도 있답니다. 몸의 어디에서 그 감정이 느껴지나요? 여러 곳에서 느껴

진다면, 여기에 적어 볼 수 있습니다.

7. 이제 가장 강한 느낌이 오는 몸의 한 곳을 선택합니다. 가슴의 통증이라든지, 아니면 위, 가슴, 심지어 목구멍이 화끈거리거나 쥐어짜는 듯한 느낌 같은, 근육의 긴장이나 통증이 느껴지는 부위일 수도 있습니다. 때때로 당신은 그러한 통증을 머리에서 느끼기도 하지요. 그것이 어떤 느낌인지 알아차려 보세요. 시간을 가지고 그 불편함을 느껴 보세요. 늘 그랬듯이 불편함을 밀어내기보다, 불편함으로 향하는 자신의 모습을 상상해 봅니다. 이 느낌을 알아차릴 수 있도록 숫자를 10까지 천천히 헤아려 보세요. 원한다면 더 오래 그 느낌에 머물러 봐도 좋습니다. 이 느낌이 어떠한지 아래에 적어 봅니다.

마지막 단계입니다. '부드럽게 하기, 위로하기, 허용하기'

8. 이제 몸에서 불편한 감각이 느껴지는 곳을 부드럽게 해 봅니다. 불편한 부위에 따뜻한 수건을 올려놓으면 그 부위의 근육이 부드러워진답니다. 주먹을 펼쳤을 때 우블렉이 손에서 부드럽게 녹아내렸던 것을 기억하나요? 같은 방식으로, 몸의 불편함에 대해 '꽉 움켜쥐었던 것을 풀어 주는' 것입니다. '부드럽게 하기…… 부드럽게 하기'라고 가만히 말해 보면서, 우블렉을 놓아주듯이 부드러워지는 것을 상상해 보세요. 지금 우리는 감정을 없애려고 하는 것이 아니라 작은 병아리를 안듯이 매우 섬세하고 부드럽게 그 감정과 함께하는 것임을 기억하기 바랍니다.

9. 그저 그러한 감정이 그곳에 있다는 것만 알고 부드러워지기를 원치 않는다 해도, 그것 역시 괜찮습니다. 단지 그 감정에 이름을 붙여 보는 것만으로도 도움이 될 수 있답니다. 충분한 시간을 갖고 몸의 감각들을 만나 보세요.

10. 실습을 하다가 불편한 느낌이 너무 강하게 올라오면, 언제든지 다시 숨쉬기로 돌아가서 숨이 들어오고 나가는 것을 알아차리면서, 그냥 호흡과 함께 머물러도 좋습니다.

11. 이제 이러한 강렬한 감정으로 인해 힘들어하고 있는 자신에게 위로의 말을 건네 봅니다. 이렇게 많이 힘겨운 감정을 느낀다는 것은 정말 힘든 일이거든요. 가슴에 손을 대고 우리 몸이 숨을 쉬고 있는 것을 느껴 보세요. 실제로 자신에게 '이건 정말 힘든 일이야.'라거나 '나만 이런 식으로 느끼는 것은 아닌 걸 알아.' 같은 친절의 말을 속삭이고 싶을 수도 있습니다. 지금 기분이 훨씬 나아지려면 어떤 말들이 도움이 될까요? 아래에 친절의 단어나 말을 적어 보세요.

___

___

___

12. 그냥 강렬한 감정과 감각이 여기에 머물 수 있도록 허용해 봅니다. 감정과 감각을 위한 공간을 만들어 보세요. 이러한 불편함이 사라지기를 바라는 마음까지도 내려놓을 수 있는지 봅니다. 우블렉을 쥐고 있던 손을 펼쳤을 때 어땠는지를 기억해 보세요. 우블렉이 약간 느슨해지면서 녹아내렸었지요? 우리가 지금 하는 일도 똑같아요. 그저 존재하는 어떤 감정도 사라지기를 기대하거나 바라지 않고 여기에 있도록 허용하는 거예요. 그리고 그 감정들이 약간 느슨해지는 것을 지켜볼 수도 있어요.

13. '부드럽게 하기…… 위로하기…… 허용하기' '부드럽게 하기…… 위로하기…… 허용하기'와 같이 세 단어를 반복해도 좋습니다. 마치 좋아하는 슬로건이나 만트라처럼, 힘든 순간이 찾아왔을 때 이 말들이 자신에게 친절과 따뜻함을 제공하도록 상기시켜 줄 거예요.

14. 만일 너무 많은 불편한 감정이 올라오면, 괜찮아질 때까지 그냥 호흡에 머물러도 좋습니다.

이제 이 실습이 어땠는지 살펴볼까요?

감정에 '이름 붙이기'를 했을 때 어떠했나요? 실제로 조용하게 자신에게 '이것이 분노구나.' 또는 '아픔이구나.'라고 속삭였을 때, 어떠했죠? (해당되는 문장에 동그라미로 표시해 보세요.)

- 감정이 약간 줄어드는 것을 느꼈다. (화가 덜 나고, 상처가 줄어들었다.) (   )
- 거의 없어질 만큼 감정이 많이 줄어드는 것을 느꼈다. (   )
- 아무런 변화가 나타나지 않았다. (   )
- 기타 의견: ______________________________

어떠한 반응도 모두 지극히 정상적인 반응이랍니다. 감정은 그저 감정일 뿐이에요. 모두 똑같이 느끼지는 않으니까요. 우리가 감정에 이름을 붙일 때, 우리의 뇌는 논리적 사고를 담당하는 전두엽 피질이 작동하게 되는데, 그러면 대개 우리가 강한 감정을 느낄 때 활성화되었던 편도체가 진정된답니다. 그래서 감정에 이름 붙이기를 하면, 감정이 조금 가벼워지거나 약간 수그러지는 등 기분이 전환되는 것을 느낄 수 있어요. '이름을 붙여라. 그러면 당신은 길들일 수 있다.'라는 말의 의미를 알게 될 거예요.

그 감정이 몸의 어느 부위에 있는지 찾을 수 있었나요? (그 감정이 느껴졌던 모든 부위에 동그라미로 표시해 보세요.)

- 뒷목 (   )
- 가슴/심장 부분 (   )
- 얼굴 (   )
- 이마 (   )
- 머리 (   )

- 어깨 (　　)
- 배 (　　)
- 목 (　　)
- 기타: ____________________

불편한 부위를 부드럽게 하고 위로했을 때, 어떤 일이 일어났나요? 기분의 미묘한 전환이나 변화를 알아차렸나요? 어떠했나요?

____

____

____

____

____

감정을 없애려고 하지 않고 그곳에 있도록 '허용'했을 때, 어떠했나요? 무엇을 알아차렸나요?

____

____

____

____

____

자, 여기 다시 당신의 감정 컵이 있습니다. 얼마나 채워져 있나요? 얼마만큼의 당신의 감정이 채워져 있는지 칠해 보거나 그려 봅니다.

실습을 하기 전과 하고 난 이후에 감정 컵에 차이가 있었나요? 아주 약간의 차이일지라도 중요하답니다. 심지어 컵의 8분의 1만큼밖에 줄지 않았다 해도, 화가 나거나 슬픈 감정은 훨씬 줄어들었을 거예요.

청소년들의 실습 소감

- '감정에 이름 붙이기' 실습이 저한테는 엄청 도움이 돼요. 왜냐면 저는 감정에 지나치게 휩쓸리는 편이거든요.
- 저는 너무 쉽게 감정에 빠져서, 책을 읽거나 거리를 걷거나 우울한 노래를 들으면 굉장히 우울해져요. 그러니까 그냥 그렇게 하는 것만으로도…… 도움이 되었던 것 같아요.

다음에 다시 감정에 압도되는 순간이 찾아오면, 이 친구들이 했던 것처럼 '부드럽게 하기, 위로하기, 허용하기' 과정을 시도해 보세요. 빠르고 간단하게 쓸 수 있는 수리 공구를 사용하듯이, 화가 난 순간 곧바로 실습해 보면 좋아요. 감정의 이름을 붙이고, 그 감정이 몸의 어느 부위에서 느껴지는지 찾아본 다음, 부드럽게 하고, 위로하고, 감정이 그곳에 머물 수 있도록 허용해 보는 거예요. 그리고 꼭 기억해야 할 것은 우리가 힘겨운 감정을 없애려는 것이 아니라는 사실입니다. 그저 허용하고, 감정을 위한 공간을 만든 다음, 무슨 일이 일어나는지 보는 것입니다.

실습을 하고 다시 여기로 돌아와서, 다음의 빈칸에 그 경험에 대해 적어 보세요. 불편한 감정을 위한 공간을 만들고 거기에 머물 수 있도록 허용할 수 있었나요?

언제든 일상에서 이 실습을 하게 되면, 무슨 일이 일어나든지 당신은 그저 지켜보면서, 무슨 일이 일어나도 괜찮다는 사실을 꼭 기억하기 바랍니다.

나의 생각들

이 장에 대한 당신의 의견이나 반응이 있나요?

있다면 아래 공간에 자유롭게 쓰거나 그림으로 표현해 보세요.

맺음말

감정 중에서도 특히 분노, 상처, 외로움 등으로 압도되는 기분을 느끼는 것은 10대 청소년에게 자연스러운 일이에요. 모두가 다 그런 것은 아니지만 대부분의 청소년이 때때로 경험하는 일이지요. 그런데 많은 청소년이 이때 자신을 책망합니다. 하지만 우리가 감정의 파도에 휩쓸려 허우적거려야만 하는 것은 아니에요. 수면 위를 뛰어오르며 자유롭게 서핑하는 법을 가르쳐 주는(그리고 뒷주머니에 항상 가지고 다닐 수도 있는) 아주 멋진 실습이 있지요.

압도적으로 느껴지는 감정들만큼이나 굉장한 스트레스와 좌절감으로 다가오는 또 하나의 상황이 있다면, 누구도 우리의 말에 귀 기울이지 않는다고 느낄 때가 아닐까요? 정말 아무도 우리가 하는 말을 들어 주지 않는 그런 상황이죠. 다음 장에서는 다른 사람들이 당신의 말에 진심으로 귀 기울일 수 있도록 하는 방법을 알려 줄 거예요.

제8장

마음챙김과 연민으로 하는 의사소통

많은 사람이 가장 좌절을 느끼는 순간은 상대가 자신의 이야기를 듣고 있다고 느껴지지 않을 때 또는 이해받지 못한다고 느껴지거나 무시당했다고 느껴질 때, 아니면 우리가 누구인지 보이지 않을 때예요. 예를 들면, 부모님이 당신을 지금의 모습이 아닌 어린애 취급을 할 때처럼 말이죠. 당신은 달라졌는데도요! 그리고 선생님들이 당신의 의견이나 생각은 들을 생각도 없이 끊임없이 속사포 랩을 발사할 때도 그럴 수 있고요.

그렇다면 사람들이 우리의 이야기

를 들을 수 있도록 하려면 어떻게 해야 할까요? 정말로 경청하도록 하려면 말이죠.

비록 우리가 궁극적인 통제력을 가지고 있는 건 아니지만, 우리가 연민을 가지고 열린 가슴으로 말을 하고 듣는다면, 사람들이 우리의 말을 들을 가능성이 더 커집니다.

예를 하나 들어 볼까요? 다음을 읽어 보세요.

친구 1: 너는 마리오에게 내가 그 애를 좋아한다고 말하지 말았어야 해! 그건 비밀이었다고! 그리고 내 일이야! 너 정말 입이 가볍다! 누구에게도 말하지 말라고 했었잖아! 너 뭐에 홀리기라도 한 거니?

친구에게 이런 말을 들었을 때 기분이 어떤가요?

이럴 때 당신이 하는 반응은 무엇인가요?

당신이 한 반응에 대해 어떻게 느끼나요?

친구 2: 네가 일부러 그런 건 아니겠지만, 마리오에게 내가 그 애를 좋아하는 걸 말해도 되는지 나한테 먼저 물어봤다면 좋았을 거야. 난 지금 좀 당혹스러워.

이번에는 기분이 어떤지 알아차려 봅니다. 당신의 느낌이 어떤가요?

이 친구에 대한 당신의 반응은 어떤가요?

이때 당신의 반응에 대한 느낌은 어떤가요?

누군가가 우리에게 공격 상태로 다가오면, 우리는 우리 자신을 보호하기 위한 방편으로, 가슴을 닫고 들으려고 하지 않을 겁니다. 경계 태세를 갖추어야 하니까요. 하지만 만일 누군가가 우리에게 훨씬 부드럽고 연민 어린 방식으로 다가온다면 우리는 좀 더 주의를 기울여 이야기를 들으려고 할 거예요. 이것은 우리가 다른 사람에게 다가갈 때도 마찬가지랍니다. 만일 우리가 정말 진심으로 상대의 말을 들으려고 열려 있다면, 다시 말해, 우리가 연민 어린 상태일 때 상대는 우리가 하는 말을 듣고 우리를 바라보게 될 거예요. 그리고 상대 역시 연민 어린 상태가 될 겁니다.

그러면 우리는 어떻게 다른 사람들에게 주먹을 쥐고 싸울 듯이 공격적으로 대응하는 대신 부드럽고 연민 어린 방식으로 다가갈 수 있을까요?

다음에 나오는 두 가지 실습이 도움이 될 거예요. 제가 일련의 단계들을 제시할 텐데요[이것은 그레고리 크레이머(Gregory Kramer)의 내면대화에서 영감을 받았답니다], 이 실습은 당신을 명확하고, 진실하며, 개방적이고, 정직하고, 마음챙김을 하면서 소통할 수 있도록 해 줄 겁니다.

따라 해 보세요: 가슴의 소리 듣기

1. 앉거나 누울 수 있는 편안한 곳을 찾아봅니다. 그곳은 당신이 안전하게 느끼고 이완될 수 있는 장소입니다.

2. 누군가와 이야기 나누고 싶은 꽤 중요한 문제를 떠올려 봅니다. 상대는 부모님이나 선생님 또는 친구일 수 있습니다. 아마 당신은 아직 이 문제에 대해서 이 사람과 이야기를 나누지 않았을 수 있습니다. 왜냐하면 그때 너무 겁을 먹었거나 부끄러워서 또는 너무 화가 났거나 상처를 받아서 말하지 못했기 때문입니다. 시간을 가지고 이것에 대해 생각해 봅니다.

3. 하고 싶은 말들을 여기에 적어도 좋습니다.

___

___

___

4. 이제 쓰던 것을 잠시 멈추어 봅니다. 그리고 앉아 있거나 누워 있는 자신의 몸을 알아차려 보세요. 이 방 안에 있는 자신의 몸 이미지를 떠올려 봅니다. 당신의 몸이 의자나 소파에 맞닿아 있는 곳을 알아차리고, 접촉한 부분의 느낌이 어떠한지 주의를 기울여 봅니다. 꽉 조이는 느낌이나 뻣뻣한 느낌인가요? 압박감이나 불편함이 느껴지나요? 다른 부분과 다르게 느껴지나요? 지금 이 순간, 여기에 존재하는 온전한 자신의 몸을 바라볼 수 있는지 봅니다. 당신의 몸 전체를 마음으로 그려 봅니다. 항상 그렇듯이 이 작업을 하기 위해서는 적어도 몇 분 정도의 시간이 걸립니다.

5. 이제 긴장을 풀고 잠시 휴식해 보세요. 머리부터 발끝까지 몸을 훑어보면서 긴장감이나 단단함 혹은 심지어 통증이 없는지도 살펴봅니다. 만일 그렇다면 그 부분을 부드럽게 하고 이완되게 할 수 있는지도 보세요. 어깨가 뻐뻐한가요? 그곳이 이완되도록 해 봅니다. 이마를 찡그리고 있나요? 얼굴 근육은 풀어 주세요. 턱은 어떤가요? 편안한가요? 입 안의 혀는 편안한가요? 시간을 가지고, 이 자리에서 휴식합니다.

6. 이제 긴장이 느껴지는 몸의 부위가 발견되면, 수용하는 마음으로 그 부위로 향할 수 있을까요? 이것은 마치 불편한 부위로 통하는 문이 있다고 상상한 다음, 예를 들어 그 부위가 '위'라면, 그 문을 열고 들어가서 당신의 '위'가 거기에 있도록 허용해 주는 거예요. 약간의 긴장이 느껴지는 다른 부위에도 똑같이 해 볼 수 있을까요? 몸의 모든 부위를 마음으로 밀쳐 내지 않고 거기 그대로 있도록 해 보세요. 할 수 있다면 그 불편한 부위를 향해 약간의 편안함을 제공해 봅니다.

7. 이제 외부세계로 주의를 돌려 봅니다. 주변의 가까운 소리에서부터 멀리 있는 소리까지, 또 부드러운 소리와 큰 소리 등 모든 소리를 알아차려 봅니다. 무슨 소리가 들리나요? 서두르지 않고 그냥 소리들을 들어 보세요. 당신은 지금 소리를 듣는 것 말고는 해야 할 일도, 가야 할 곳도 없습니다.

8. 마지막으로 가슴의 소리에 귀 기울여 봅니다. 거기에는 누군가에게 하고 싶었던 말들이 있습니다. 당신의 가슴은 그것이 무엇인지 알고 있어요. 아래에 가슴의 말들을 적어 봅니다. 필요한 만큼 충분한 시간을 가지세요.

9. 이제 상대방이 당신의 말에 진심으로 귀 기울이는 모습을 상상해 보세요. 상대는 뭐라고 대답할까요? 상대의 입장이 되어 보세요. 예를 들어, 상대가 부모님이라면 당신의 부모님이 되어서, 당신이 안전하기를 그리고 당신이 행복하기를 바라는 모습을 그려 봅니다. 만일 대상이 친구라면 그 친구가 되어서, 이런 시간들을 잘 견디려고 노력하면서도 많은 시간 동안 불안과 불확실함을 느끼고, 때로는 비틀거리고 때로는 실수하는 모습을 그려 봅니다.
   상대의 대답과 반응에 온전히 주의를 기울여 들어 보세요. 상대방 또한 가장 정직하고 열린 마음으로 말하고 있다는 것을 기억하세요. 상대가 뭐라고 말하나요?

10. 이제 원한다면 상대의 말에 대답해 볼 수도 있습니다. 당신이 깊이 있게 듣고 있다는 것을 기억하면서 진심으로 상대의 말을 경청해 봅니다. 상대방에게 다시 하고 싶은 말

이 있나요? 그렇다면 아래에 적어 봅니다.

11. 이제 대화를 멈추고, 다시 이 공간과 이 방, 그리고 지금 이 순간에 존재하는 당신의 몸을 있는 그대로 느껴 봅니다. 몸이 의자나 소파에 닿아 있는 것을 알아차려 봅니다. 접촉하고 있는 모든 부분의 느낌이 같은지 다른지 살펴보세요. 계속해서 주의를 그곳에 두고 변화가 있는지도 봅니다. 이렇게 몇 분간 계속해 보세요.

이 실습에서 가장 인상 깊었던 점은 무엇인가요?

당신의 가슴으로부터 나온 무언가가 당신을 놀라게 했나요? 그랬다면, 그것은 무엇이었나요?

상대의 가슴으로부터 나온 무엇이 당신을 놀라게 했나요?

마음챙김하는 의사소통에 있어 경청이 얼마나 큰 부분을 차지하는지, 또 우리가 평소에 듣는 방식과 경청이 얼마나 다른지를 알게 되었을 거예요. 우리는 보통 한 귀로 들으면서, 다음에 무슨 말을 할지 생각해요. 그런데 진정한 경청은 온전한 주의로 현재에 머무는 것입니다. 깊이 있게 경청하면서, 모든 단어와 억양, 심지어 모든 말의 이면에 숨겨진 의도까지 듣는 것이지요.

청소년들의 실습 소감

우리가 상대방이 하는 말에 진짜로 주의를 기울이면, 상대와 훨씬 더 가까워질 수 있을 거예요. 누군가의 말을 진심으로 듣고 있지 않으면, 그 말을 이해할 수 없죠. 그리고 만일 서로가 서로에게 주의를 기울이지 않는다면, 그건 완전 두 개의 대화가 따로 진행되는 거나 마찬가지거든요.

경청을 연습할 수 있는 아주 좋은 방법은 노래의 단어나 가사를 주의 깊게 들어 보는 것입니다. 제5장의 음악 명상 실습을 기억하나요? 이것은 음악을 듣는 또 다른 방법입니다.

따라 해 보세요: 다른 사람이 경청할 수 있도록 말하기

다른 사람이 정말로 당신의 말을 경청할 수 있도록 말하는 비법은 당신이 어떠한 감정을 느끼든 담담한 자세로 말하는 것입니다. 누군가가 방금 한 말에 화 또는 짜증이 났거나, 말하기가 두려운 상황이거나, 당신에게 중요한 영향을 미치는 어떤 의견을 말하는 순간일지라도, 해결방식은 다 똑같답니다.

그럼 이것을 어떻게 해야 하는 걸까요?

핵심은 다음과 같습니다. 먼저, 말하기 전에 마음의 중심을 잡고 침착해야 해요. 그 순간에 마음챙김과 자기연민을 실습하면서 이렇게 하는 겁니다.

당신을 방금 화나게 하거나 짜증 나게 하는 말을 했던 사람을 말해 보세요. 예를 들어, 부모님이 당신이 잔디를 깎지 않았다는 이유로 기대했던 파티에 못 가게 했을 수 있어요.

가슴 위에 손을 올리는 등의 방식으로 위로의 손길을 보내면서 '나를 위한 순간' 실습을 통해 자기연민을 연습해 보세요. 그리고 이렇게 스스로에게 말해 봅니다.

> 이것이 괴로운 순간이구나. 정말 힘들다! 나는 정말로 파티에 가고 싶었어! 정말 실망했고! 너무나 화가 나!
>
> 괴로움은 삶의 일부야. 우리는 모두 괴로움을 겪지. 나만 그런 게 아니야. 많은 사람이 화가 나고 실망을 해!
>
> 지금 이 순간, 내가 나 자신에게 친절할 수 있기를(그리고 나와 똑같은 상황에 있는 친구에게 말하듯 자신에게 친절의 말을 해 줍니다). 이런 상황이 너에게 얼마나 힘든지 알 것 같아. 정말 실망스럽고 짜증 날 거야. 내가 너와 함께할게.

차분하고 명확한 방식으로 의사소통할 준비가 될 때까지 이 실습을 합니다. 언쟁이나 애원은 상대가 당신의 이야기를 경청하는 데 도움이 되지 않으니까요.

만일 말하기가 두려운 순간에는 어떻게 해야 할까요? 누군가 점심 식탁에서 당신에게 '불량스럽게' 행동을 하면서 당신을 무시하고 당신의 뒷담화를 할 때, 당신은 그만하라고 말하고 싶지만 속으로 몹시 떨린다고 가정해 볼까요?

당신은 '발바닥 느끼기'나 '세 번 숨쉬기'를 통해서 마음의 중심을 잡고 차분해질 수 있습니다.

세 번 숨쉬기 실습은 마음챙김하면서 세 번의 숨을 쉬어 보는 것입니다. 천천히 들이쉬고 내쉬면서, 호흡의 느낌을 알아차려 봅니다. 만일 마음이 산만해지면 다시 주의를 호흡으로 가져옵니다.

당신이 차분하고, 중심을 잡고, 말할 준비가 될 때까지 계속 이런 식으로 숨을 쉬어 봅니다.

일단 말을 시작했는데 만일 화가 나기 시작하거나 목소리가 올라가는 것을 느끼면, 다시 신체 감각으로 돌아옵니다. 바닥을 딛고 있는 발, 의자 위의 엉덩이, 움켜쥔 손, 또는 호흡으로 돌아옵니다. 언제든 신체 감각으로 돌아오세요.

대화가 끝난 후 약간 힘이 들었다면, 특히 대화가 진행되었던 상황에 대해 자기비난적 태도가 올라온다면, 당신이 좋아하는 자기연민 실습 중에 하나를 해 보세요. 가슴 위에 손을 올려놓는 단순한 행동만으로도 이 상황이 힘들고, 당신은 친절을 받을 자격이 있다는 것을 상기시켜 줄 것입니다.

당신에게 정말 중요한 어떤 것에 대해 의견을 표현할 때도 마찬가지예요. 예를 들어, 당신이 역사 수업에서 열띤 토론을 하는 동안에 다른 사람들이 당신의 말을 경청해 주기를 바라고 있다고 가정해 볼까요? 이때 당신이 덜 감정적이 되도록 도와줄 실습을 하나 선택해 보는 거예요. 그러면 친구들이 훨씬 더 당신이 하는 말에 주의를 기울이게 될 겁니다. 시간이 지날수록 당신은 어떤 상황에서 어떤 실습이 효과가 있는지 잘 알게 될 거예요.

청소년들의 실습 소감

저는 이제 제가 엄청 두려워하는 사람들하고도 의사소통이 가능해졌어요.

따라 해 보세요: 도전적인 대화인지 확인해 보기

다음은 당신이 원활하게 진행되는 대화와 그렇지 않은 대화를 확인하는 데 도움을 줄 표예요. 이 표를 통해서 매번 다르게 일어나는 상황들을 파악할 수 있어요. 그리고 상황이 잘 풀리지 않을 때는, 인간이니까 실수할 수 있다는 것을 기억하기 바랍니다. 자신에게 친절하고 부드러워지세요. 그리고 자기연민을 실습하세요!

이 대화는 누구와 했나요?	어떤 일이 일어났나요?	대화가 끝난 후 기분이 어땠나요?	대화가 끝나고 나서 자신을 어떻게 대했나요?	상황이 잘 흘러가지 않았다면, 지금 어떤 자기연민 실습을 하면 좋을까요? 음악 명상, 아니면 간단하게 '위로의 손길'이나 '나를 위한 순간'을 해 보는 것은 어떨까요?

한 가지 중요하게 기억해야 할 것은 우리는 궁극적으로 대화 중에 다른 사람들이 하는 말을 통제할 수 없다는 사실이에요. 오직 우리가 할 수 있는 일은 다른 사람들이 우리의 말을 경청할 수 있도록 최선을 다해서 '경청의 자리를 마련하는 것'뿐이죠. 그런 다음, 일어나는 일에 대해서는 잊어버려야 해요. 언제나 그렇듯이 만일 대화가 우리가 원하는 방향으로 흐르지 않는다면, 우리 자신에게 친절해야 해요. 우리는 인간이고, 이런 일은 인간으로서 살아가는 삶의 한 부분이라는 것을 기억할 필요가 있어요. 삶은 우리 뜻대로 될 때도 있고 그렇지 않을 때도 있으니까요. 하지만 이 모든 상황에서 우리는 우리 자신에게 친절할 수 있답니다.

나의 생각들

이 장은 당신에게 어떠했나요? 다음은 당신이 생각해 볼 몇 가지 질문입니다.

당신이 경청할 때, 무엇이 달랐나요? 당신이 진심을 담아 말을 했을 때, 어떠했나요? 평소에 다른 사람들과 나누었던 대화 방식과 달랐나요? 만일 그렇다면, 이런 방식으로 다른 사람들과 소통하는 것이 당신에게 도움이 될 거라고 생각하나요? 왜, 어떤 점이 그런가요?

맺음말

우리는 살면서 대화에 많은 시간을 할애하지만, 안타깝게도 언제나 서로 가슴으로 진실을 말하거나 경청하는 것은 아닙니다. 그래서 종종 우리의 대화는 이해받지 못하고, 경청되지 못하고, 우리 존재에 대한 인정이나 존중이 없다는 사실에 분노하거나 두려움으로 끝나 버리곤 하지요. 우리가 천천히 충분한 시간을 가지고 진심을 말하고 다른 사람들의 말을 경청한다면, 우리는 보다 솔직한 방식으로 소통할 수 있을 거예요. 그리고 이렇게 하는 것이 다른 사람들이 우리의 말을 경청할 수 있게 하는 효과적인 방법이기도 합니다.

또 우리는 종종 우리에 대한 다른 사람들의 반응으로 인해 자존감에 상처를 받습니다. 다음 장에서는 어떻게 자기연민이 자존감과 다른지, 그리고 자존감이 무너졌을 때도 자기연민은 어떻게 당신과 함께해 주는지에 대해 배워 볼 예정입니다. 계속 읽어 보세요!

제9장

자존감이란?

아마 자존감에 대해 많이 들어 보았을 거예요. 하지만 자존감과 자기연민은 매우 다르답니다. 둘 모두 우리 자신에 대한 태도와 관련되어 있지만, 공통점은 그뿐이에요. 자기연민에 대해서는 이미 배웠지요. 우리가 기분이 좋지 않은 순간에 우리 자신에게 친절하게 대하는 것이 자기연민입니다. 자존감은 이 세상에서 우리의 가치를 이해하는 방식과 관련 있어요. 일종의 자신감과 같은 말이지요. 그리고 우리는 모두 자존감을 갖는 것이 얼마나 중요한지에 대해서도 들어 왔습니다. 자존감이 있을 때, 우리는 자신에 대해 더 좋게 느끼고, 학교에서도 더 잘 생활하며, 친구가 많을 가능성도 높죠. 만일 내 10대 청소년 시절(수십억 년 전이죠!)과 당신이 비슷하다면, 아마 당신은 가끔 자신에 대해 꽤 괜찮다고 느끼기도 하다가 또 어느 순간에는 완전 쓸모없는 사람처럼 느껴지면서 당신과 친구가 되고 싶어 하는 사람은 아무도 없을 거라는 생각을 할 거예요. 그러면서 청소년기를 지나는 동안 내내 어떻게 하면 가치 있고 자신감 있는 존재가 될 수 있을지를 궁금해하며 보낼 것입니다. 다른 사람들에게는 있고 나에게는 없는 그것에 대해서 생각하며 말이죠. 또한 자신에 대해 이미 실망하고 있을 때, 자존감이 어떤 작용을 하는지도 궁금할 것입니다.

따라서 이것에 대해 이해하려면, 자존감의 역사에 대해 알아보는 것이 도움이 될 수 있어요. 지난 한 세대 동안, 우리는 자존감을 갖는 것이 모든 문제의 해결책이라고 생각해 왔어요. 그래서 잘한 것을 칭찬함으로써 아이들의 자존감이 높아지면 아이들은 스스로에 대해 더 좋게 느낄 것이고, 그러면 학교에서 잘 생활하고, 적응도 잘하고, 자신감 있고 성공적인 어른으로 자랄 거라고 생각했지요.

과연 그랬을까요? 그중 일부는 사실이기도 했지만, 대부분 기대와는 다르다는 것이 드러났어요. 만일 자신이 좋은 성과를 냈을 때만 스스로를 좋게 생각한다면, 그것은 굉장히 위험할 수 있어요. 예를 들어, 당신이 축구에서 결승골을 넣으면, 스스로에 대해 기분이 좋겠죠. 하지만 만일 골을 넣지 못했거나 놓쳤다면 어떨까요? 골을 놓치는 것은 언제나 일어날 수 있는 일이에요. 스타 선수라도 말이죠. 그럼에도 당신은 자존감과 자신감이 깊이 떨어지면서, 스스로를 무가치하고 하찮게 느낄 거예요. 그래서 자존감은 일반적으로 좋은 것이지만, 그것이 어떻게 작용하느냐에 따라 문제가 될 수도 있답니다.

자존감을 바탕으로 우리 자신에 대해 어떻게 생각하는지 살펴볼까요? 다음 실습이 그것을 보여 줄 거예요.

따라 해 보세요: 자존감이 무엇인지 알아보기

이 실습은 두 부분으로 나누어져 있습니다. 첫 번째는 우리가 어떤 일을 수행할 때 자존감을 바탕으로 하면 무슨 일이 일어나는지를 탐구해 볼 것이고, 두 번째는 실제로 우리가 자존감을 갖게 되는 방법에 대해 이야기해 볼 것입니다.

먼저, 자신이 꽤 잘한다고 생각했던 무언가를 잘하지 못한 순간에 대해서 생각해 보세요. (이러한 일들은 우리 모두에게 일어나므로 식은땀을 흘릴 필요는 없어요.) 어떤 상황이었나요?

____

____

나중에 기분이 어떠했나요?

____

____

성과에 따라 자신에 대해 생각하고 느낀다면, 우리 자신에 대한 감각은 늘 조건적일 것입니다. 즉, 외부 상황이나 때로는 우리가 전혀 통제할 수 없는 일들에 의해 자존감은 상승하거나 하락할 수 있는 것이지요. 이러한 자아감은 꽤 불안정하겠죠? 바로 이 점이 문제입니다. 우리는 항상 자신에 대해 좋게 느끼고 싶거든요.

이제 두 번째 부분입니다. 우리가 어떻게 자존감을 갖게 되는가입니다.

잠깐 동안, 당신이 꽤 잘한다고 생각되는 일들을 떠올려 보세요. 수학이나 농구, 악기 연주를 잘할 수도 있고, 좋은 형제나 친구가 되는 자질일 수도 있고, 정리를 잘하는 능력 또는 약속시간을 잘 지키는 일일 수 있습니다. 당신이 아주 잘한다고 생각되는 것들을 적어 보세요. 아무도 읽지 않을 테니, 솔직하게 적어 보세요.

이제, 당신이 그 일을 잘한다는 것을 어떻게 알게 되었는지 생각해 보세요. (생각하는 데 약간의 시간이 걸릴 수 있어요. 충분한 시간을 가지고 해 봅니다. 생각이 필요한 작업이니 천천히 해도 좋습니다.)

예상컨대, 당신은 어떤 식으로든 자신을 다른 사람들과 비교했을 거예요. 맞나요? 예를 들어, 당신이 다른 친구들보다 수학을 잘하기 때문에 수학을 잘한다는 것을 알게 되었을 것이고, 당신의 머릿속 어딘가에 당신만큼 체계적이지 않은 다른 사람들을 떠올렸기 때문에 당신이 꽤 체계적이고 정리를 잘한다는 것을 알게 되었을 거예요. 또 다른 사람들보다 골을 더 많이 넣어서 농구를 잘한다고 느꼈을 겁니다. 그렇죠? 그래서 우리가 어떤 일을 잘한다는 것을 알게 되면 기분은 좋지만, 이런 식으로 자신을 다른 사람과 비교하면 실제로 우리 마음에서는 다른 사람들과 자신을 분리시켜 그들보다 우위에 있다는 느낌을 가지게 되는 것이지요.

이것은 보편적 인간 경험과는 정반대입니다(제6장을 보세요). 이것은 우리를 고립시키고 외로움을 느끼게 만들죠. 우리의 성취에 대해 자부심을 느낄 때에도 미묘하게 다른 사람들과 우리 사이에 거리가 생겨나게 됩니다. 우리가 다른 사람들과 연결되어 있다는 느낌을 가지는 것은 정말 중요해요. 앞 장에서 경청하는 것이 얼마나 중요한지에 대해 배웠듯이, 연결감은 다른 어떤 것보다 우리에게 필요한 것일 수 있어요. 그래서 이 부분이 바로 자존감에 대한 또 하나의 문제점이 되는 것이지요.

좋은 소식이 있는데, 알아맞혀 볼래요? 자기연민이 우리가 우리 자신과 관계 맺는 방법에 대한 대안을 제시해 준다는 거예요. 보다 안정적이고 신뢰할 수 있는 방법으로, 우리의 성취와 성공 여부를 기반으로 하지도 않죠. 자기연민은 특히 일이 잘될 때뿐만 아니라 힘든 상황에서도 우리 자신에게 좋은 친구가 되어 주는 것이랍니다.

청소년들의 실습 소감

자존감은 '괜찮아, 네가 이렇게나 잘했어.'라고 말하고, 그 말은 곧 '나는 좋은 사람이야.'로 이어져요. 자기연민은 '잘못했어도 괜찮아. 엉망진창이라도 괜찮아.'라고 말해요.

제3장에서 친한 친구가 힘든 하루를 보냈을 때 당신이 그 친구에게 해 줄 수 있는 친절한 말들에 대해 이야기했던 것을 기억하나요? 그리고 당신이 자신에게 했던 친절하지 않았던 말들과 그 차이점에 대해 이야기했던 것도 기억하나요?

우리가 꼭 그렇게 우리 자신에게만 친절하지 않을 필요는 없죠. 우리는 우리 자신에게도 친절할 수 있어요. 친구에게 하듯이 말이에요. 우리는 모두 우리 안에 친절을 지니고 있어요. 친절은 인간이 지니고 있는 특징 중의 하나랍니다. 우리는 우리 자신과도 연민 어린 관계를 맺을 수 있어요. 단지 연습이 안 되었을 뿐이지요. 그러니까 익숙해지려면 약간의 시간이 필요할 뿐이에요.

그렇다고 우리가 기분이 더 좋아지려고 자신에게 연민(친절)을 보내는 것은 아니에요. 물론 기분이 좋아지는 것은 좋은 일이지만(보통 연민을 보내는 과정에서 기분이 좋아지기도 해요), 우리는 단순히 기분이 좋지 않기 때문에 자신에게 연민을 보내는 것입니다.

그래서 자기연민은 기분이 좋지 않을 때, 우리 곁에 함께 있어 주는 거예요. 우리에게 위로를 해 주는 부모님, 조부모님 또는 친구가 되어 보는 것이지요. 마치 추울 때 따뜻한 담요를 덮거나, 매서운 추위에서 돌아와 불 앞에서 코코아 한 잔을 하는 것과 같죠. 우리 자신에게 필요한 것을 정확하게 제공함으로써 자신을 돌보는 행위입니다.

그리고 우리 모두는 그렇게 할 수 있는 능력이 있어요. 우리 모두의 내면에는 자신에게 친절할 수 있는 능력이 있죠. 단지 우리는 그렇게 하는 것에 익숙하지 않을 뿐이에요. 이후에 당신에게 도움이 될 수 있는 도구들이 준비되어 있으니, 계속 읽어 보세요.

이 실습은 상상력을 발휘해야 해서 10대 청소년들이 가장 좋아해요. 편안하게 누워서 할 수도 있어요. 준비가 되면 상상을 통해 특별한 장소로 마법 같은 여행을 떠나 보는 거예요.

하지만 실습을 시작하기 전에, 지금 기분이 어떤지 설명해 보는 것이 도움이 될 수 있어요. 자신만의 단어로 표현해도 좋고, 다음의 단어 중에 하나를 사용할 수도 있습니다.

끔찍하다, 아주 좋다, 나쁘지 않다, 그저 그렇다, 오늘 기분이 아주 좋다, 최고로 행복하다, 우울하다, 슬프다, 화난다, 좌절된다, 최고다, 뛸 듯이 기쁘다, 최악이다, 대박이다, 지독하다, 매우 슬프다!

반드시 특별한 기분을 느낄 필요는 없다는 것을 기억하세요. 어떤 느낌이든 그저 단순히 느껴 보는 것입니다.

____

____

1부터 10까지의 척도가 있다면(1은 기분이 굉장히 안 좋은 것이고 10이 매우 기분이 좋은 것이라 가정하였을 때), 지금 당신의 기분은 몇 점인가요? ____________

좋습니다. 그럼 실습을 해 볼까요?

따라 해 보세요: 연민 어린 친구

1. 눈을 감고 몇 번 깊게 숨을 들이쉬어 봅니다. 그리고 어깨를 귀에서 멀어지게 하여 이완합니다.

2. 이제 호흡에 집중하고, 숨을 들이쉬고 내쉬는 몸을 느껴 봅니다.

3. 잠시 시간을 가지고, 당신이 안전하고 편안하게 안정을 취할 수 있는 공간을 상상해 봅니다. 실제 또는 가상의 공간일 수도 있습니다. 그저 편안하게 숨을 쉬면서 모든 걱정을 내려놓을 수 있는 장소면 됩니다. 그곳은 자연 속의 해변이나 개울 근처 숲속일 수도 있고, 침실 한쪽 구석이나, 좋은 친구의 편안한 집일 수도 있습니다. 소리, 냄새, 그리고 무엇보다 그곳에서 느껴지는 느낌들을 자세히 상상해 봅니다.

4. 이제 당신은 곧 따뜻하고 친절한 한 방문객을 맞이할 것이라고 상상합니다. 그는 당신을 온전히 사랑하며, 있는 그대로의 당신을 받아들이는 존재입니다. 당신의 친구 또는 사랑하는 조부모님이나, 가장 좋아하는 선생님 또는 읽은 책 속의 등장인물이거나, 반려동물, 또는 심지어 영화나 만화책에 등장하는 영웅이나 주인공일 수도 있습니다.

5. 마음으로 그 이미지나 존재를 생생하게 그려 봅니다.

6. 이제 당신은 밖으로 나가서 그 연민 어린 친구를 만날 수도 있고, 아니면 그를 당신의 안전한 장소로 초대할 수도 있습니다. 그러한 모습을 상상해 봅니다.

7. 적절한 거리를 두고 연민 어린 친구와 함께 앉습니다. 그리고 온전히 편안하고 안전하며, 있는 그대로 받아들여지고 사랑받는 느낌을 느껴 봅니다. 당신의 연민 어린 친구는 당신에게 깊은 관심을 가지고 있고, 당신이 행복하기를 바란다는 것을 기억합니다.

8. 시간을 갖고서 당신의 연민 어린 친구와 함께하는 느낌을 즐겨 봅니다.

9. 이 연민 어린 친구는 지금 당신과 함께하면서, 당신이 누구인지, 당신이 지금 삶의 어

디쯤에 와 있는지 정확히 알고 있습니다. 그리고 당신이 무엇 때문에 힘들어하는지도 정확하게 이해합니다.

10. 무엇보다도 이 친구는 그 누구도 할 수 없는 방식으로 당신을 있는 그대로 온전히 받아들이고 이해합니다.

11. 이제 이 연민 어린 친구가 당신에게 중요한 뭔가를 말하려고 합니다. 그것은 당신이 지금 들어야 할 필요가 있는 말입니다.

12. 이 친구가 당신에게 전해 주고자 하는 말들에 귀를 기울여 보세요. 아마 마음으로 위로와 지지의 말들을 들을 수 있을 거예요.

13. 아무런 말도 들을 수 없다 해도 괜찮습니다. 그저 당신의 연민 어린 친구와 함께 있는 것을 즐겨 봅니다.

14. 어쩌면 지금 당신도 이 친구에게 하고 싶은 말이 있을 수 있습니다. 이 친구는 당신의 말을 잘 들어 주고 완전히 이해합니다. 하고 싶은 말이 있나요?

15. 마지막으로 연민 어린 친구와 좋은 시간을 보내고, 필요할 때마다 다시 초대할 수 있다는 것을 기억하면서 작별인사를 합니다.

16. 당신은 이제 안전한 장소에 혼자 남게 되었습니다. 방금 일어난 일들을 음미하면서, 당신이 들은 말들을 깊이 사유해 봅니다.

17. 그리고 실습을 마치기 전에, 이 연민 어린 친구가 당신의 일부임을 기억합니다. 함께 하는 느낌과 당신이 들은 말들은 당신 내면의 깊은 곳에서 나온 것입니다. 그러한 편안함과 안전함은 항상 당신 안에 있습니다. 필요할 때마다 당신은 이 안전한 장소에서 당신의 연민 어린 친구와 만날 수 있다는 사실을 알기 바랍니다.

18. 다시 당신의 주의를 호흡으로 가져옵니다. 그리고 부드럽게 눈을 뜹니다.

지금 기분이 어떤지 적어 보세요. 아까 했던 것처럼, 당신만의 말로 적어도 좋고, 다음의 단어들에서 골라 보아도 좋습니다.

끔찍하다, 아주 좋다, 나쁘지 않다, 그저 그렇다, 오늘 기분이 좋다, 최고로 행복하다, 우울하다, 슬프다, 화난다, 좌절된다, 최고다, 뛸 듯이 기쁘다, 최악이다, 대박이다, 지독하다, 매우 슬프다!

____

1부터 10까지의 척도가 있다면(1은 기분이 굉장히 안 좋은 것이고 10이 매우 기분이 좋은 것이라 가정하였을 때), 지금 당신의 기분은 몇 점인가요? ____________________

이 실습이 당신에게 어떠했는지 더 하고 싶은 말이 있나요? 당신의 경험은 그냥 '당신의' 경험일 뿐이고, 그것에 대해 어떻게 느끼거나 생각하든지 완전히 괜찮다는 것을 기억하기 바랍니다.

____

청소년들의 실습 소감

그곳은 안전한 장소였어요. 완전 멋진 공간을 내가 만들었거든요. 내가 좋아하는 모든 것을 다 담았어요. 산과 통나무집을 좋아해서 그런 풍경을 상상했고, 안개가 자욱한 아침 같았는데, 정말 안전하고 차분한 느낌이었죠. 그래서 그냥 스트레스를 받으면, 전 그곳으로 가요.

또 다른 종류의 실습이 하나 더 있어요. 이 실습은 우리의 내면을 깊이 비춰 보면서 언제나 우리 안에 살고 있지만 우리가 거의 관심을 두지 않는, 우리 내면의 연민 어린 친구를 만나게 해 주는 실습이에요. 또 이 실습은 때때로 우리의 귀에 대고 소리치는 비난적이고 판단적인 목소리들을 길들일 수 있도록 도와줄 거예요. 우리 안에 자기연민이 자랄 수 있도록 해서, 스스로에게 친절하게 되는 방법을 알려 주죠. 그래서 우리는 어떤 일이 일어나더라도 우리 자신에 대해 좋은 느낌을 가지게 될 거예요. 그렇게 되면 더 이상 자존감을 신경 쓰지 않아도 되고, 살면서 스스로에게 좋은 느낌을 가지려고 애쓸 필요도 없게 된답니다.

따라 해 보세요: 연민 어린 목소리 계발하기

다음은 실습에 앞서 고려해야 할 사항들입니다.

우리 내면에는 각자의 목소리를 내는 많은 부분이 있습니다. 이 실습은 우리의 비난적인 부분('내면의 비평가'라고 부를게요.)을 인정하고, 연민 어리고 사랑이 가득한 부분(앞으로 '연민 어린 목소리'라고 부를 겁니다)을 발견하고 인정하는 것입니다. 이 실습을 통해 우리는 내면의 비난을 잠재우고 연민의 목소리를 계발하게 될 겁니다.

잠시 동안, 당신의 머릿속에서 항상 재잘거리며 시끄럽게 떠들어 대는 내면의 비난적 목소리(또는 내면의 비평가)를 떠올려 봅니다. 내면의 비평가는 이렇게 말합니다. '내가 일을 잘못했어!' '나는 바보야! 왜 내가 그랬을까?' '도대체 왜! 그렇게 잘 알고 있는 일을 바보 같이 처리했을까?' 내면의 비평가가 이렇게 말을 하는 데 목적이 있다고 생각되나요? 만일 그렇다면, 어떤 목적이 있는 걸까요? 당신의 대답을 아래에 적어 보세요.

___

___

___

다른 사람들은 내면 비평가의 목적이 동기를 부여하고, 더 나은 행동을 하게 만들고, 미래에 있을 비난을 피하게 하고, 기대치를 낮춰서 자신에 대해 실망하지 않게 하고, 다른 사람들의 기분을 좋게 해서, 자신을 더 좋아할 수 있도록 만들기 위해서라고 말해요. 만약 이러한 이유 중 하나라도 당신에게 해당되는 것이 있다면, 이곳에 적어 보세요. 혹은 당신의 내면의 비평가가 그 외의 다른 목적을 가지고 있다면 이곳에 적어 보세요.

____

____

____

당신 내면의 비평가가 어떤 식으로든 당신을 보호하기 위해서 주변에 머물러 있다고 생각하나요? (동그라미로 표시해 보세요.)

예　　　　　　　　아니요

만약 그렇다면 내면의 비평가가 어떻게 당신을 보호한다고 생각하나요?

____

____

____

이제 당신이 계속해서 자책하게 되는, 바꾸고 싶은 행동에 대해서 생각해 보세요. 큰 코와 같이 바꿀 수 없는 특징은 여기에 해당되지 않습니다. (청소년이었을 때 나는 내 코가 굉장히 크다고 생각했어요. 그래서 할 수만 있다면 큰 코를 바꾸고 싶었답니다.)

또는 당신이 생각하기에 도움이 되지 않는 행동들을 선택해도 좋습니다. 예를 들면, 다음과 같아요.

"나는 너무 많이 먹어."
"나는 충분히 운동하지 않아."
"나는 숙제를 미루는 버릇이 있어."
"나는 부모님과 형제자매들에게 짜증을 잘 내고 인내심이 없어."

이제 당신의 행동을 비난할 때, 자신에게 하는 말을 여기에 써 보세요. 당신의 내면의 비평가는 뭐라고 말하고, 어떠한 목소리 톤을 사용하나요?

내면의 비평가가 지금까지 얼마나 당신에게 고통을 주었는지 생각해 보세요. 그리고 여기에 적어 봅니다.

계속해서 이런 가혹한 말들을 들어야 했던 자신에게 연민을 보내 봅니다. 아래에 '이런 말들을 오랫동안 듣게 해서 정말 미안해.' '너는 정말로 좋은 사람이야. 그리고 네가 최선을 다하고 있다는 걸 알아.' '너는 참 좋은 마음씨를 가지고 있어.'와 같이 당신에게 보내는 친절의 말들을 적어 봅니다. 우리 모두가 그렇듯이 당신에게도 이러한 친절의 말을 들을 자격이 있다는 것을 기억하기 바랍니다.

이제 내면의 비평가가 어떤 식으로든 당신을 보호하려고 노력했다는 것을 생각해 볼 수 있을까요? 비록 그러한 방식이 당신을 아프게 했지만, 원래의 의도는 좋았다고 느껴지나요?

만일 그렇다면, 당신 내면의 비평가가 어떻게 당신을 위험으로부터 안전하게 보호하고 지키려고 했는지 적어 봅니다.

만약 내면의 비평가가 당신을 도우려는 의도를 발견할 수 없고, 때로는 실제로 도우려는 의도가 전혀 없었다면, 과거의 비난으로 인해 고통을 겪었을 자신에게 연민을 보내 봅니다.

지금 연민을 보내 볼 수 있습니다. 천천히 하기 바랍니다.

아래에 천천히 적어 볼 수도 있습니다. 마음이 흐르는 대로 자유롭게 자신에게 수많은 친절의 말들을 적어 봅니다.

만약 내면의 비평가가 당신을 안전하게 지키려고 했다는 사실을 확인했다면, 내면의 비평가가 한 수고를 인정해 주고, 감사의 말을 전해 봅니다. 비록 장기적으로는 내면의 비평가가 당신에게 도움이 되지 않았지만, 그 의도는 좋았고 최선을 다했다는 것을 내면의 비평가가 알 수 있게 해 봅니다. 아래에 적어 봅니다.

이제 당신을 이루고 있는 한 부분인 내면의 비평가의 이야기를 들었으므로, 이제 또 다른 부분의 이야기를 들어 보겠습니다. 이것은 다음과 같습니다.

아주 친절하고 온화한 목소리
당신의 현명한 부분
이러한 행동이 당신에게 해를 끼치고 있음을 인지할 수 있는 부분
완전히 다른 이유 때문에 당신 자신이 바뀌기를 바라는 부분

이 목소리와 우리가 연결될 수 있을지 알아보겠습니다.

괜찮다면, 가슴 위에 손을 올리고 손의 가벼운 압력과 가슴에 퍼지는 따뜻함을 느껴 봅니다.

이제 당신이 힘겨움을 겪고 있는 문제를 떠올려 봅니다.

그리고 당신 자신에게 몇 가지 단어나 문장으로 고요히 말해 보세요. 실제로 당신과 관련이 있는, 자신에게 알맞은 말들을 사용합니다. 아래에 몇 가지 제안이 있습니다.

나는 너를 정말로 걱정해. 청소년으로서 네가 직면한 모든 상황을 헤쳐 나갈 때, 그게 얼마나 힘든 건지 알아.
너는 지금 뇌와 몸에서의 변화, 친구들과 가족들과의 관계에서의 변화, 그리고 수업에서 오는 압박감을 경험하고 있는 거야.
청소년으로 산다는 건 정말로, 정말로 힘든 일이야.
그리고 나는 네가 더 이상 고통받지 않길 바라!

만일 이 실습을 하는 데 어려움이 있거나, 또는 자신에게 알맞은 말들을 떠올리는 데 어려움이 있다면, 좋은 친구라면 당신에게 무슨 말을 할지, 또는 당신의 반려견이나 반려묘가 말을 할 수 있다면 뭐라고 당신에게 말을 해 줄지 떠올려 봅니다. 당신의 반려견이나 반려묘가 당신이 고통받고 있는 것을 알게 되면 무슨 말을 해 줄까요? (실제로 반려동물들은 우리의 고통을 알아차리곤 합니다. 그렇죠?) 어떠한 단어들을 사용할까요?

아마도 이런 말들일 거예요.

나는 너를 걱정해. 내가 너를 돌봐 주고 보호해 줄게.
나는 너를 사랑해. 나는 네가 행복하기를 바라.
네가 최고야. 그리고 나는 너의 곁에 항상 있을 거야.

이제 아래 빈 공간에 당신의 연민 어린 자아, 연민 어린 친구 또는 반려동물의 목소리를 담아 자신에게 자유롭고 즉흥적인 편지를 써 보세요.

편지를 마무리했다면, 방금의 경험에 대해 자유롭게 써 보세요. 종종 글쓰기는 우리의 생각을 명확하게 해 줍니다.

당신에게 이 실습은 어떠했나요? 이 실습에서 눈에 띄는 점은 무엇인가요?

내면의 비평가의 목소리를 들을 수 있었나요? 어떠했나요?

연민 어린 목소리를 들을 수 있었나요? 어떠했나요?

연민의 목소리를 들을 수 있었다면, 그것이 도움이 되었나요? 만일 그렇다면 어떤 식으로 도움이 되었나요?

내면의 비평가, 즉 판단하고, 비난하고, 때로는 정말 가혹한 이 목소리는 대개 좋은 의도를 가지고 있어요. 어쩌면 당신을 안전하게 지켜 주려고 노력했지만, 좋은 방법을 찾지 못해서 강렬한 방식을 선택했을 수 있어요. 우리 자신에게 완전히 좋지 않은 방식으로 말이죠. 이러한 선한 의도를 인정해 주면서 동시에 이제는 우리 내면의 다른 목소리(종종 친구들에게 사용하는 친절하고 마음씨 좋은 목소리)에 귀를 기울이고, 그 목소리를 자신에게 친절해지기 위한 방법으로 사용해 보세요.

나의 생각들

이 장을 마무리하면서 어떤 생각이 들었나요? 이 장에서 나오는 실습들에 대해서 어떻게 생각하나요? 특별히 당신에게 잘 맞는 실습이 있었나요? 당신의 의견을 글로 쓰거나 그림으로 그려 봅니다.

맺음말

이 장에서는 무엇을 배웠나요? 자기연민은 자존감과는 아주 다르다는 것을 알게 되었을 거예요. 자기연민은 상황이 좋을 때뿐만 아니라 그렇지 않을 때도 언제나 우리 곁에 함께하는, 우리 자신과의 관계 방식이지요. 특히 우리의 기분이 좋지 않을 때, 약간의 친절과 지지가 필요한 순간에 연민이 우리 곁에 있다는 것은 참으로 유용합니다. 그리고 우리가 자기연민을 계발할 수 있는 방법들은 많이 있어요. 특히 가장 도움이 되는 방법 중 하나는 우리 안에 언제나 '현명하고 연민 어린 목소리'가 있다는 것을 기억하는 것입니다. 우리는 실습을 통해서 연민 어린 목소리를 더 자주 들을 수 있는 방법들을 배울 수 있어요. 그리고 실습을 마치고 나면 기분이 좋아지기 시작할 거예요. 실제로 우리가 우리 자신에게 친절하고 지지적이며 애정 어린 친구가 될 수 있다는 사실을 알게 되면, 매우 위로가 됩니다.

다음 장에서는 우리에게 정말 중요한 것이 무엇인지, 우리의 가치에 대해 탐구해 볼 예정입니다. 그리고 우리가 우리의 가치에 따라 살고 있지 않을 때 무슨 일이 일어나는지도 함께 살펴볼 거예요. 물론 자기연민이 어떻게 도움을 줄 수 있는지도 포함해서요. 자, 그럼 페이지를 넘겨 볼까요?

제4부

자신을 포용하고 즐거움 찾기

제10장

나의 가치에 맞게 살기

우리의 내면 깊은 곳에서는 우리에게 정말로 중요한 것이 무엇인지를 알고 있습니다. 우리가 무엇을 소중히 여기는지 알고 있지요. 그렇다고 반드시 이러한 가치에 맞게 살아가는 것은 아니지만, 그럼에도 내면 깊이 우리가 믿고 있는 것이 무엇인지를 알고 있어요. 이렇게 내면 깊숙이 자리하고 있는 가치를 핵심 가치라고 부릅니다. 우리가 핵심 가치에서 벗어난 삶을 살게 될 때 우리 스스로를 다시 올바른 방향으로 되돌리려면 자신의 핵심 가치가 무엇인지 정확하게 알고 있어야 합니다. 그리고 이것은 자기 자신에게 연민 어린 사람이 되기 위해서도 반드시 필요한 작업입니다. 왜냐하면 때때로 우리가 핵심 가치에 따라 살지 않고 있을 때, 우리는 우리가 세상에서 존재하는 방식과 우리가 사람들을 대하는 행동방식을 싫어하면서 스스로를 힘들게 만드는 경향이 있기 때문입니다. 이때 우리는 대개 자신을 좋아하지 않게 되지요. 정말 자기연민이 필요한 순간이 온 것입니다.

우리 가운데 누군가는 가까운 가족이나 친구들과 함께하는 것을, 또 누군가는 자연과 함께하는 것이나 종교적 신념을 따르는 것, 또는 좋은 교육을 받는 것을 가치 있는 일로 여길 수 있어요. 또 누군가는 정치가나 인권활동가가 되거나, 미술과 음악으로 삶을 가득 채우고 싶을 수도 있지요. 우리는 대부분 이러한 가치관들을 다양하게 가지고 있지만, 그 중요도는 서로 다릅니다.

이 장에서는 우리의 핵심 가치가 무엇인지 알아보는 실습들을 할 거예요. 그리고 핵심 가치를 잊어버렸을 때, 다시 그 가치로 되돌아갈 수 있도록 우리 자신을 안내하겠다는 약속을 할 거예요. 이 실습을 '나의 집' 또는 '나 자신'이라고 부르는데, 우리에게 중요한 것이 무엇인지 확인하는 데 도움이 되도록 집의 이미지를 사용하기 때문이에요.

따라 해 보세요: 나의 집/나 자신

다음은 당신의 '집'과 집의 이미지에 대한 질문들이에요. 이 질문들이 핵심 가치를 이해하는 데 도움을 줄 거예요. 당신의 가치를 파악하기 위해 모든 질문에 답을 해야 하는 것은 아닙니다. 다음의 질문들은 그저 당신의 생각을 돕기 위한 것들입니다. 빈 공간이나 집 그림에 답변들을 적어 보세요. 이 실습은 최소한 20분 정도의 시간이 있을 때 해야 합니다. 질문에 대해 당신이 진지하게 생각할 시간이 필요하니까요.

토대: 당신에게 기본이 되어 주는 토대, 또는 가장 중요한 것은 무엇인가요?

창문: 당신의 집에서 미래가 보이는 창밖을 내다보면, 무엇이 보이나요?

현관으로 가는 길: 무엇이 당신을 집으로 이끌어 주죠? 당신이 믿는 것들은 무엇인가요?

정원: 삶에서 당신이 잘 키우고 성장시키고 싶은 것은 무엇인가요?

집 안: 당신의 삶에 영향을 준 사람들은 누구인가요?

굴뚝에서 피어오르는 연기: 당신의 어떤 부분을 세상 밖으로 내보내고 싶나요?

울타리: 당신의 집에서 멀리하고 싶은 것들은 무엇인가요?

지붕: 무엇이 당신을 안에만 머무르게 하나요? 무엇이 당신을 제한하나요?

벽돌: 무엇이 당신을 하나로 묶어 주나요?

만약 집에 당신이 무엇을 추가하고 싶다면 그렇게 해도 좋아요.

이제 당신은 가장 소중한 것과 때때로 당신을 한계 짓는 것들을 알게 되었어요. 당신의 가치대로 살아가는 데 가장 큰 장애물은 무엇이라고 생각하나요?

____

____

____

____

____

____

____

____

많은 청소년이 핵심 가치에 따라 사는 데 방해가 되는 요인으로 또래집단이 주는 압박감을 꼽았어요. 그러니까 혼자서 숲속에 앉아 스케치를 하며 시간을 보내고 싶지만, 친구들과 함께 쇼핑몰에 가야 한다는 부담감으로 인해서 친구에게 거절을 잘하지 못한다는 거예요.

또래집단이 주는 압박감이, 당신이 핵심 가치대로 사는 것을 어떻게 방해하나요?

친구들에게 싫다고 말하기가 힘들다는 것을 알게 된 지금, 당신 자신에 대해서 연민을 느끼나요? 자신에게 해 줄 친절한 말들로는 어떤 것들이 있을까요? 어쩌면 이런 말들일 수 있어요. '청소년이 된다는 건 힘든 일이야, 그리고 항상 나 자신에게 옳은 일이 무엇인지를 안다는 건 힘들어. 그러니까 때로는 나한테 정말 중요한 일을 잊어버린다 해도 괜찮아. 기억할 때마다 항상 나의 가치관으로 돌아올 수 있으니까.'

따라서 핵심 가치대로 살지 않는다고 스스로를 비난하기보다는, 당신이 인간이라는 사실을 상기하면서 스스로를 용서해 보세요. 그러고 나서 다시 시작하면 되니까요.

핵심 가치를 기억하는 데 도움이 되는 것들이 있어요. 그중 하나는 우리가 길을 잃었고 우리에게 가장 중요한 핵심 가치에 따라 살지 않고 있다는 것을 깨달았을 때, 우리가 가치 있게 여기는 것으로 돌아올 것을 자신과 약속하는 거예요.

우리가 하는 약속은 단지 우리가 어디로 돌아와야 하는지를 알려 주는 안내나 알림입니다. 인간이기에 무심코 우리가 한 약속을 어길 수도 있지만, 우리 자신과 한 약속을 곧 기억하게 될 거예요. 그리고 다시 우리의 가치로 돌아오게 될 겁니다. 이것이 전부입니다!

따라 해 보세요: 나 자신과의 약속

나 자신과 약속을 하기 위해서, 먼저 일상에서 당신이 거의 매일 지키고 싶은 핵심 가치를 확인해 보세요. 핵심 가치에는 가족, 정직, 교육, 종교, 밖에서 시간 보내기 또는 친구들과 시간 보내기 등이 있을 수 있습니다.

당신의 핵심 가치는 무엇인가요?

____

____

____

____

이 핵심 가치에 따라 살기 위해 할 수 있는 약속은 무엇이 있나요? 예를 들어, 핵심 가치가 예술이 있는 삶을 사는 것이라면, 약속은 '매일 시간을 내서 그림을 그릴 것을 약속합니다.'가 될 수 있습니다. 또 핵심 가치가 좋은 친구가 되는 것이라면 '친구들이 말할 때, 나는 정말 잘 들으려고 노력할 것을 약속합니다.'라고 할 수 있습니다.

자신과 하고 싶은 약속은 무엇인가요?

한 가지 좋은 방법은 약속을 적어서 거울, 컴퓨터, 휴대폰과 같이 자주 보는 곳에다가 두는 거예요. 또 다른 방법으로는 휴대폰 알람을 설정해서 특정 시간에 울리게 한 다음, 알람이 울릴 때마다 자신에게 약속을 상기시키는 것입니다. 아니면 웹사이트에 접속하는 데 필요한 암호를 약속과 관련된 단어들로 만들어 보는 것도 도움이 될 거예요!

어떤 방식으로 하느냐는 중요하지가 않아요. 중요한 것은 당신이 산만해지거나 잊어버렸을 때 자신에게 가혹하게 굴지 않고, 스스로를 상기시켜서 자신이 가치 있게 여기는 것으로 돌아오는 것입니다. 그래서 자신의 가치들로부터 멀어졌을 때 자책하고 자기비난을 하기보다, 다시 핵심 가치를 떠올리면서 있는 그대로의 자신을 포용하도록 도와주는 것입니다.

나의 생각들

당신의 핵심 가치를 중심에 혹은 가까이에 두기 위한 방법들로는 무엇이 있나요? 이것이 자신에게 더 진실하고 덜 비판적일 수 있도록 도움을 준다고 생각하나요? 당신의 생각을 아래에 글로 써 보거나 그림으로 그려 봅니다.

맺음말

핵심 가치대로 사는 일은 우리에게 보다 직접적인 안정감을 줍니다. 그리고 자기비난을 덜 하게 하고, 그저 있는 그대로의 우리 자신이 될 수 있도록 도와주지요. 우리가 중요하게 생각하는 것들을 잊어버리고 그것과 멀어지게 될 때, 우리는 우리 자신에게 친절할 필요가 있습니다. 그저 우리가 인간임을 기억하며, 가치대로 살도록 다시 돌아오면 됩니다. 자신을 판단할 필요는 없습니다. 이렇게 하는 것은 우리가 진정으로 우리 자신을 소중히 여기고 감사하는 데 도움이 된답니다.

다음 장에서는 삶의 많은 부분에서 감사를 찾는 방법에 대해 배워 볼 예정입니다. 감사하게 될 때, 당신은 덜 슬프고 덜 불안하게 될 거예요. 대신에 감사함과 즐거움을 느끼게 될 것입니다!

제11장

감사와 자기감사

감사! 추수감사절이면 특히 더 많이 듣게 되는 단어 같아요. 당신도 저와 비슷하다면, 아마 이 단어가 약간은 무겁게 느껴질 거예요. 왠지 그렇지 않은데도 꼭 감사를 느껴야만 할 것 같기도 하고요. 우리에게 감사한 순간이 그렇게 많지 않을 수도 있는데 말이죠. 그래서 별로 감사하고 싶지도 않은데, 감사함을 느껴야 한다는 생각에 우리는 죄책감을 느끼기도 해요.

도대체 왜, 우리는 좀 더 감사할 수 없는 걸까요?

우선, 그것이 당신 잘못은 아니라는 것을 알았으면 좋겠어요. 제5장에서 배웠던 '부정적 편향'을 기억하나요? 진화론적 관점으로 볼 때, 우리는 생물학적으로 우리 자신을 안전하게 지키기 위해서 우리를 해칠 수 있는 것들에 대해 항상 경계를 하게 되어 있어요. 그래서 우리에게 상처가 될 수 있는 누군가의 시선, 친구들의 불쾌한 말들, 그리고 언젠가 상처가 되어 돌아올 수 있는 작은 실수들에 민감하게 되는 거죠.

우리는 모든 부정적인 것을 잘 포착해서 스스로를 보호할 준비를 합니다. 경계하게

되는 거죠. 그러면 어떻게 될까요? 때때로 이로 인해 우리는 종종 사건을 보다 부정적으로 받아들이고 오해하면서 자신을 보호하는 데 많은 노력을 기울이게 돼요.

어떤 상황을 실제보다 훨씬 더 부정적인 것으로 오해했던 경험들을 떠올려 볼 수 있을까요? (해당되는 항목에 모두 동그라미로 표시해 보세요.)

- 농담하는 거 아니죠? 이것은 매일 일어나는 일이에요! ( )
- 음, 한 번 정도. ( )
- 내 머릿속을 들여다보고 계신가요? 어떻게 알았죠?! ( )
- 저한테 그런 일은 절대로 일어난 적이 없어요. 절대로요. 그리고 전 절대로 거짓말은 안 해요. ( )
- 네. 무슨 말인지 알겠으니, 그다음 얘기로 넘어가요! ( )

우리 뇌의 기능은 우리 자신을 '안전하게' 유지하는 데 초점을 두고 있지만, 그렇다고 그것이 우리의 행복을 의미하는 것이 아니에요.

그래서 행복하고 감사할 수 있으려면 우리를 미소 짓게 하고, 기쁘게 만드는 것들을 찾으려는 특별한 노력이 필요해요. 비록 그것이 아주 순간적인 것이라도 말이죠. 우리가 일단 작은 것들에 대한 감사를 발견하기 시작하면, 곳곳에서 감사할 것들이 보이기 시작할 거예요. 놀랄 준비를 해야 하죠!

자, 그럼 한번 실습을 해 볼까요! 다음 실습은 당신에게 일상에서 기쁨을 주는 모든 것을 알아차릴 수 있는 재미있는 활동입니다.

따라 해 보세요: 휴대폰으로 사진 찍기

이 실습은 20분 내지 한 시간 정도의 시간을 가지고 해 봅니다. (어쩌면 실습을 하다가 너무 즐거워서 시간이 더 필요할 수도 있지만요!) 실습을 위해 휴대폰을 준비합니다. (만일 휴대폰이 없다면 사진 찍는 부분만 건너뛰고 실습을 진행해도 괜찮습니다.)

1. 이 활동은 밖에서 하면 좋지만, 실내에서도 물론 가능합니다. 여유롭게 산책하면서 당신을 미소 짓게 하는 것들에 시선을 둡니다. 피어나는 꽃, 소파에 잠들어 있는 반려동물, 나무 위를 기어 다니는 신기한 곤충일 수 있습니다.

2. 마주하는 모든 것과 시간을 갖고서, 정말로 그것을 즐겨 봅니다. 모든 감각을 활용해서 그것의 질감을 느껴 보고, 냄새를 맡아 볼 수도 있습니다. 자세히 관찰해 봅니다. 마치 어린 시절에 개미가 기어 다니는 모습을 한참 동안 바라보았던 것처럼, 그렇게 해 봅니다.

3. 이런 것들에 주의를 기울일 때 느낌이 어떠한지도 알아차려 봅니다. 그리고 한두 장의 사진을 휴대폰으로 찍어 봅니다.

4. 한 가지에 집중하며 시간을 보낸 다음, 당신을 미소 짓게 만드는 또 다른 것을 찾을 때까지 계속 산책해 봅니다. 그런 다음, 다시 똑같이 합니다. 감각들을 활용해 그것을 즐기고, 사진도 찍고, 그런 다음 충분하다고 느껴지면, 이동합니다.

5. 만일 원한다면, 집으로 돌아가서 방금 찍은 사진들을 가지고, '미소 짓게 만드는 폴더'를 만들어 봅니다. 그런 다음, 나중에 힘든 하루를 보냈을 때, 이 폴더를 열어서 당신을 기분 좋게 만드는 것들을 즐겨 보기 바랍니다!

방금 이 실습을 마치고 나서 기분이 어떤지 그림이나 글로 표현해 봅니다. 실습 전후로 달라진 점은 무엇인가요?

____

____

____

____

____

이 실습을 주기적으로 한다면, 기분이 나아지는 데 어떻게 도움이 될까요? (해당 사항에 동그라미로 표시해 보세요.)

- 자기비난적 사고방식을 벗어나는 데 도움이 될 거예요. ( )
- 무엇이 나를 행복하게 만드는지 상기시켜 줄 거예요. ( )
- 부모님에게 휴대폰을 뺏겼을 때, 돌려받는 데 도움이 될 거예요. ( )
- 산책하라는 말이 꼭 나이 든 사람에게 하는 말처럼 들려요. ( )
- 산책하라는 말이 아기에게 하는 말처럼 들려요. 마치 유모차에 있어야만 할 것 같아요. ( )
- 상황이 크게 개선되지는 않을 거예요. 나를 행복하게 하는 것들이 뭔지 이미 알고 있으니까요! ( )
- 이 실습을 통해 세상과 세상 속에 있는 모든 것을 사랑하게 될 것 같아요. ( )
- 기타 의견: ______________________________

이미 눈치챘겠지만, 이 실습은 우리의 '부정적 편향'을 교정해 주고 일반적으로 당신이 더 행복감을 느낄 수 있도록 도와줘요. 우리 자신과 우리의 고군분투에만 고정되었던 시선을 우리에게 즐거움을 주는 것들로 옮길 수 있게 합니다.

그리고 가장 중요한 것은 감사를 느끼게 해 주는 것들이 우리 삶 곳곳에 있었다는 깨달음이에요. 다만 우리가 자기비난을 하느라 바빠서 그것들을 놓치고 있었을 뿐이죠.

이 실습을 조금 다르게 해 본다면, 하루 종일 휴대폰으로, 나를 미소 짓게 만드는 것들을 알아차리고, 그것을 사진에 담아 보는 거예요. 친구들과 보내는 시간들, 우리 팀이 게임에서 이겼던 순간, 좋아하는 밴드의 콘서트 장면, 또는 동생의 우스꽝스런 표정이나 친구가 스케이트보드를 타면서 했던 별난 행동을 순간적으로 포착해 보는 거예요. 사진을 찍고, 그것들을 휴대폰이나 컴퓨터 폴더에 저장하는 거죠. 그리고 잊지 않고 자주 그 폴더를 열어 보는 겁니다!

청소년들의 실습 소감

- 저는 훨씬 더 자연을 즐길 수 있게 되었어요. 소리와 느낌, 그리고 우리가 통제할 수 없는 거대한 자연의 아름다움을 말이에요.
- 도대체 세상이 얼마나 크고 아름다운지를 깨달을 수 있었어요. 아무리 우리의 삶이 나빠진다 해도, 아름다운 세상은 여전히 그대로 존재하고 있죠.

이제 당신 주변의 기쁨을 주는 모든 것을 알아차릴 수 있게 되었으니 감사함을 느끼는 데까지 반 걸음 남은 셈인데요, 사실 장담하건대 당신은 이미 감사를 느끼고 있을 거예요!

다음 실습은 감사하는 마음이 어떻게 우리를 좋은 느낌으로 안내하는지를 보여 주는 놀라운 경험이 될 거예요.

지금의 기분이 어떤지 확인하고, 다음의 선에 × 표시를 해 봅니다. (도대체 왜 우리는 항상 ×로 표시를 하는 걸까요? 당신이 좋아하는 모양으로 표시해 보세요!)

우울함 즐거움

자, 이제 간단한 실습을 하나 더 해 보겠습니다.

따라 해 보세요: 나는 무엇에 감사를 느끼나?

준비물로 휴대폰 스톱워치나 타이머가 필요해요.

1분 동안, 감사한 모든 것에 대해 적어 볼 겁니다. 친구나 가족, 그리고 살고 있는 집처럼 분명하고 확실한 것들도 있지만, 내가 가장 좋아하는 펜, 베이컨 굽는 냄새, 맛있는 여러 가지 맛의 젤리 같은 소소한 것들도 놓치지 않고 적어 보세요.

이렇게 1분 동안 계속해서 적어 봅니다! 그런데 갑자기 아무 생각이 나지 않으면, 무언가가 떠오를 때까지 똑같은 내용을 반복해서 적어 봅니다.

이제 시간을 1분에 맞춰 놓고, 감사의 목록을 적어 보세요.

1분 후, 다시 당신의 기분이 어떤지 표시해 봅니다(좋아하는 모양으로 표시합니다).

우울함 즐거움

기분이 좀 나아졌나요?

우리 삶에서 감사한 것들을 알아차리는 시간을 갖게 되면, 기분이 좋아져요. 실제로 연구에 따르면, 삶에서 긍정적인 점을 알아차리는 사람이 그렇지 않은 사람보다 일반적으로 더 좋은 기분을 느낀다고 해요.

우리는 이것을 습관으로 만들어 볼 수 있어요. 매일 감사 일기를 일기장이나 다양한 감사어플을 활용해 적어 볼 수도 있어요. 휴대폰에는 우리가 활용할 수 있는 다양한 어플이 있답니다. 한 번 해 보세요. 정말 재미있어요!

청소년들의 실습 소감

- 제가 느낄 수 있는 것들이 스트레스 말고도 많이 있다는 것을 깨달았어요. 여러분도 상상을 통해 다양한 아이디어나 사물들에 대해서 생각해 볼 수 있어요.
- 가능하다면, 세상을 좀 더 잘 살고 싶어졌어요. 잘못한 것에 신경 쓰기보다, 내가 더 잘할 수 있는 것들에 더 많이 집중하고 싶어요.

그래서 우리가 진심으로 감사하는 것들을 알아차리게 되면, 스스로 자책하는 것 같은 부정적인 일들에 덜 집중할 수 있게 되고, 세상에 있는 다른 모든 것에 우리의 에너지를 집중할 수 있게 됩니다. 앞에서 친구들이 실습 소감으로 말한 것처럼, 상상을 통한 다양한 아이디어에 더 집중하고 세상에서 더 잘 기능할 수 있게 되지요.

삶에서 만나는 좋을 것들에 감사하는 일 외에도, 우리는 우리 자신의 좋은 점에 대해서도 알아차릴 수 있게 됩니다.

네? 우리 자신에게 감사요? 지금 저 놀리시나요? 이제 좀 지나치신 것…… 같은데요?

아니요. 저는 농담이 아니랍니다. 진짜예요.

우리 자신에게 감사한다는 것이 낯설게 느껴진다는 것을 충분히 이해합니다. 특히 10대 청소년이라면 더욱 그렇지요. 하지만 여기까지 책을 따라 실습을 하면서 농담이 아니라는 것을 당신은 깨달았을 거예요. 특히 일이 엉망진창이 되었을 때, 있는 그대로의 자신의 가치를 인정하면서, 스스로에게 진심으로 감사하는 일은 진짜, 정말로, 완전히, 가능합니다.

단지 연습이 필요할 뿐이지요.

그리고 연습이란 스스로에게 비판적이 되는 순간에, 사실은 그럴 필요가 없다는 것을 계속해서 상기시키는 것이면 충분합니다. 자기연민을 실천함으로써 우리는 자신에 대해 진정으로 감사하는 법을 배울 수 있게 돼요.

우리는 우리 자신에 대해 좋아하지 않는 점들을 너무나 분명하게 기억하는 경향이 있어요. 하지만 우리 자신에 대해 좋아하는 점들은 잘 기억하지 못합니다. 부정적 편향을 기억하나요? 여기에도 해당이 된답니다.

그래서 다음 실습이 언제든지 당신이 자기감사를 연습할 수 있게 도와줄 것입니다. 자신에 대해 좋아하는 자질들을 기억하도록 해 줄 거예요. 자, 이제 자기비난은 영원히 안녕! 그리고 자기감사, 반가워요!

따라 해 보세요: 나 자신에게 감사하기

1. 눈을 감고 편안함을 느껴 봅니다. 그리고 몸에서 느껴지는 감각들을 알아차려 보세요. 시간을 갖고 이 실습을 해 봅니다.

2. 이제 자신에 대해 깊이 생각하면서, 진실로 감사함을 느끼는 점들에 대해 한두 가지를 떠올려 봅니다. 아무도 당신의 생각을 들을 수 없으니, 정직하게 해 봅니다. 반드시 어떤 큰 것이어야만 하는 것은 아닙니다. 작고 사소한 것일 수도 있습니다. 서두르지 말고 충분한 시간을 가지고 실습합니다.

3. 때때로 우리의 좋은 점이나 우리가 자신에 대해 누리는 점들이 상당 부분 다른 사람들이 준 영향 때문임을 기억하는 것이, 자기감사를 하는 데 도움이 될 수 있습니다.

4. 당신의 좋은 자질을 개발할 수 있도록 도움을 준 사람을 떠올릴 수 있나요? 아마 친구, 부모님, 선생님일 수 있습니다. 아니면 당신에게 긍정적인 영향을 미친 책의 작가일 수도 있습니다. 한 사람, 한 사람이 떠오를 때마다 그들에게 감사와 고마움을 전해 봅니다.

5. 우리 자신에게 감사할 때, 우리의 삶에 도움과 지지를 준 사람들에게도 감사를 보냅니다.

6. 지금 이 순간만이라도 자신에 대해 정말로 좋은 느낌을 가지면서, 음미해 봅니다. 그것에 흠뻑 젖어듭니다. 누구도 당신을 지켜보고 있지 않다는 것을 기억하세요.

7. 그리고 자신에 대해 감사를 느끼기 위해, 최고가 되어야 하거나 완벽할 필요가 없다는 것도 기억합니다. 그저 사소한 한 가지라도 좋습니다. 감사함을 느끼는 이유가 거창할 필요는 없습니다.

8. 준비가 되면 눈을 뜹니다.

지금 기분이 어떤지 알아차려 봅니다. 그리고 감사의 말들을 적어 봅니다.

대다수의 우리는 자신의 좋은 점에 대해 생각하는 것이 이기적이거나 잘못된 것이라고 배웠어요. 하지만 우리가 자신을 소중히 여기는 시간을 가질 때, 우리는 종종 다른 사람들에 대해서도 보다 편안하고 열린 마음으로 소중히 여기는 마음을 갖게 됩니다. 그러니 약간의 자기감사는 문제가 되지 않아요!

청소년들의 실습 소감

나는 이제 다른 사람들이 나를 좋아하는지에 대해 별로 걱정하지 않아요. 왜냐하면 내가 나를 좋아하니까요!

나의 생각들

이 장에 대한 생각들을 적어 보세요. 놀라운 점이 있었나요? 감사하기를 습관으로 만들어 볼 예정인가요? 당신의 생각을 글로 적어도 좋고, 그림으로 표현해 볼 수도 있습니다.

맺음말

우리의 마음 깊은 곳에서는 삶의 많은 것에 대해 감사하다는 것을 알고 있으면서도, 실제로 우리가 감사한 것들에 주의를 기울이는 시간은 많지가 않습니다. 하지만 우리가 감사할 때, 우리는 종종 새로운 차원의 만족감과 편안함을 경험하게 되지요. 이때 우리 안의 자기비난의 목소리는 잠시 침묵하게 됩니다. 우리가 자신의 좋은 자질에 대해 진정으로 감사하는 시간을 갖게 되면, 우리는 있는 그대로의 우리의 모습에도 감사할 수 있게 된답니다. 완벽하지 않은 '불완전함'이 완벽하게 괜찮다는 것을 알게 되지요. 완벽하게 완벽하지 않은 존재들인 우리 자신을 있는 그대로 받아들일 수 있게 됩니다. 그것이 단지 잠깐일 수는 있지만, 그렇게 또 한 번…… 또 한 번……이 반복되면 되니까요!

저자 소개

카렌 블루스(Karen Bluth, PhD)는 미국 테네시 대학교에서 아동 및 가족학 박사 학위를 받았다. 그녀는 현재 노스캐롤라이나 의과대학 물리치료학과 통합의학과에서 연구교수로 근무하고 있다. 그녀의 일은 10대들의 웰빙을 증진시키는 데 마음챙김과 자기연민이 하는 역할에 초점을 두고 있다. 그녀는 스트레스 바이오마커 검사를 통해 마음챙김 개입이 청소년들의 웰빙에 미치는 영향을 탐구하여 2012년에 마음과 생활연구소(Mind and Life Institute)로부터 Francisco J. Varela 연구상을 받았다. 2015년 봄에는 7~12학년 청소년들의 마음챙김, 자기연민, 정서적 웰빙 사이의 관계를 탐구하기 위해 노스캐롤라이나 대학교의 기금을 받기도 하였다. 현재 NIH 기금 지원을 받고 있는 그녀는 노스캐롤라이나 대학교 연구팀의 일원으로 크리스틴 네프(Kristin Neff)와 크리스토퍼 거머(Christopher Germer)의 마음챙김 자기연민(Mindful Self-Compassion: MSC) 프로그램을 10대 청소년에 맞게 적용해 연구하고 있다.

그녀는 연구 외에도 정기적으로 노스캐롤라이나 채플힐 지역에서 성인과 청소년들에게 정기적으로 마음챙김 프로그램과 자기연민 프로그램을 가르친다. 그리고 중·고등학교와 대학에서 강연을 하고 지도자 워크숍을 이끈다. 크리스틴 네프와 크리스토퍼 거머 박사의 마음챙김 자기연민 프로그램을 로레인 홉스(Lorraine Hobbs)와 협업해 청소년 집단에 맞게 적용하였다. 그녀는 18년간의 학교교육 경험을 가진 전직 교육자이자 현재 학술지『마인드풀니스(Mindfulness)』의 부편집장이다.

서문을 써 준 **크리스틴 네프(Kristin Neff)** 박사는 오스틴에 있는 텍사스 대학교 심리교육학과 교수이다. 그녀는 자기연민 연구 분야의 선구자이며, 10여 년 전에 자기연민에 대한 최초의 경험적 연구를 수행하였다. 이 주제에 관한 수많은 학술 논문과 책을 저술하는 것 외에도 윌리엄 모로(William Morrow)에서 출간한 책『자기연민(Self-Compassion)』의 저자이다. 그녀의 동료인 크리스토퍼 거머와 함께 경험적으로 뒷받침된 '마음챙김 자기연민(MSC)'이라 불리는 8주 훈련 프로그램을 개발하였고, 전 세계적으로 자기연민에 관한 워크숍을 제공하고 있다. 그녀는 또한 베스트셀러와 다큐멘터리 수상작인 〈말을 탄 소년(The Horse Boy)〉에도 출연하였다. 이 다큐멘터리는 그녀의 가족이 자폐증이 있는 아들의 치유를 위해 몽골에서 말을 타고 트레킹한 것을 기록한 것이다.

역자 소개

서광(Seogwang)

대학과 대학원에서 심리학을 공부하고, 이후 미국에서 종교심리학 석사 학위와 자아초월 박사 학위를 취득했다. 현재 동국대학교 불교대학 교수로 재직 중이며, 불교심리학과 명상심리상담, 자아초월심리치료 관련 강의와 워크숍 및 집단 프로그램 등을 실시하고 있다. 또한 MSC 지도자 훈련가(Teacher Trainer)로서 마음챙김 자기연민(Mindful Self-Compassion: MSC) 프로그램을 한국에 도입하여 MSC 지도자 양성에 힘쓰고 있다. 『단단한 마음공부』(학지사, 2019), 『나를 치유하는 마음 여행: 진아(眞我) 만나기 워크북』(불광출판사, 2011), 『돌이키는 힘: 치유하는 금강경 읽기』(모과나무, 2016) 등 다수의 저서와 역서가 있다.

효림(Hyorim)

대학원에서 상담심리와 응용선학을 전공하고, (사)한국명상심리상담연구원과 동국대학교 치유와행복융합연구원 소속으로 명상의 올바른 보급을 위한 연구와 워크숍, 번역활동을 하고 있다. 특히 국가공인 MSC 지도자(Certified MSC Teacher)이자 청소년을 위한 MSC 지도자로서 사람들이 자기연민을 통해 일상의 스트레스를 보다 건강한 방식으로 다룰 수 있도록 하는 데 관심을 가지고 활동하고 있다. 역서로는 『나를 사랑하기로 했습니다: 마음챙김-자기연민 워크북』(공역, 이너북스, 2020), 『내면가족체계(IFS) 치료모델: 우울, 불안, PTSD, 약물남용에 관한 트라우마 전문 치료 기술훈련 안내서』(공역, 학지사, 2020), 『부모, 당신 잘못이 아니에요』(공역, 메이트북스, 2021) 등이 있다.

송말숙(Malsook Song)

동국대학교 대학원에서 응용선학 전공으로 철학박사를 취득하고, 현재 행복명상코칭연구소 소장이자 MSC 지도자(Trained MSC Teacher)로서 명상 프로그램을 진행하고 있다. 31년간 중·고등학교에서 생물교사로 재직하던 중, 전문상담교사 자격을 취득하면서 청소년의 마음 읽기와 나누기 및 소통과 공감 프로그램에 관심을 기울이게 되었다. 모든 청소년이 MSC 프로그램을 통해 자기 자신과 친한 친구가 되어, 자신을 진심으로 사랑하게 되기를 바라는 마음으로 번역에 참여하게 되었다.

나의현(Euihyeon Na)

정신건강의학과 전문의, 의학 박사이다. 예수병원 정신건강의학과 과장으로 일하고 있으며, 가톨릭대학교 의과대학 정신과학교실 외래교수를 겸하고 있다. 인천광역시교육청 마음건강치료 전문의, 치유형 대안학교인 킬리안 공감학교 교감을 역임하며 심리적 어려움에 처한 청소년들을 진료실 안팎에서 만나고 돕는 데 힘써 왔다. 현재는 전주교육지원청 Wee 센터 자문을 맡아 청소년뿐만 아니라 일선에서 아이들을 만나는 교사와 치료자에게도 도움이 되기 위해 노력하고 있다. 역서로는『치료관계의 혁신, 기능분석정신치료: 행동과학이 알려주는 인식-용기-사랑의 법칙』(공역, 삶과지식, 2019),『자해 청소년을 위한 마음챙김 워크북: 자해 생각, 느낌, 행동을 뛰어넘는 방법 찾기』(공역, 하나의학사, 2020)가 있다.

청소년을 위한 자기연민 워크북:
나 자신과 친구 되기

The Self-Compassion Workbook for Teens: Mindfulness and Compassion Skills to Overcome Self-Criticism and Embrace Who You Are

2021년 11월 10일 1판 1쇄 발행
2023년 3월 20일 1판 2쇄 발행

지은이 • Karen Bluth
옮긴이 • 서광 · 효림 · 송말숙 · 나의현
펴낸이 • 김진환
펴낸곳 • (주) 학지사
04031 서울특별시 마포구 양화로 15길 20 마인드월드빌딩
대표전화 • 02)330-5114 팩스 02)324-2345
등록번호 • 제313-2006-000265호

홈페이지 • http://www.hakjisa.co.kr
페이스북 • https://www.facebook.com/hakjisabook

ISBN 978-89-997-2535-7 03180

정가 15,000원

역자와의 협약으로 인지는 생략합니다.
파본은 구입처에서 교환해 드립니다.